JN026851

旅好家とめぐる
パリ・モンサンミシェル

旅好家・小説家 川合宣雄

はじめに

　いつの間にか年をとって、とうに古稀も過ぎてしまいました。若い頃は旅好家などと自称して、ずいぶんと海外を旅して歩いたものです。それもヨーロッパ方面ならシベリア鉄道、アメリカならば貨客船利用だったのですから、今から考えればのんきなものでしたね。その頃は飛行機よりもそれらの交通手段の方が安かったという理由もあったのですが、飛行機に乗るのが怖かったというのが本音でしょうか。

　そんな私が後ればせながらも人並みに結婚、一姫二太郎を授かって、人並みに離婚、子どもを引き取ってなりふり構わず懸命に働いたとお思いでしょうが、かつて出版した本の印税がそれなりに入り、つい最近まで働かせてくれたうえに給料までいただけるという境遇に恵まれたりして、さほど苦労せずに子どもたちも成長してくれました。

　下の子が高校を卒業したのを機に、子育ても卒業させてもらって、さて何をしようかというタイミングで株で大もうけ。いくらかは言えませんが、ざっと3年分くらいの生活費はプールすることができたので、海外旅行にいくことにしました。

　イタリア嫌いでフランスびいきの私ですから、迷わずにノルマンディー近郊とパリに決めていろいろと準

備を始めました。その過程で、トラブルに備えて、さまざまに準備をしていったのですが、それらのすべてを公表すれば、同じようにシニアの人たちがトラブルに巻き込まれるのを未然に防ぐこともできるのではないかと思い立ち、急に本にすることにしました。

　実際のところ、この文章を打ち込んでいるのは旅行の6日前という慌ただしさで、かなり準備も進んでいる段階ですから、とりあえず逆再生気味に話を進めていきたいと考えています。

　どんな内容の本に仕上がるかは見当もつきませんが、おそらく私の旅行準備と旅の実際、よい出会いと悪い出会いなどが展開していくのでしょう。それらの他にさまざまなケースの有用な情報がそれなりに挿入されれば、ひとまず成功ということにしておきましょう。

川合 宣雄

❖ 目次 ❖

プチ滞在、どこでする？

パリ・モンサンミシェル

パリプチ滞在

　どんな風に旅行、あるいはプチ滞在してもよいのですが、往々にして見られるのが、とにかくそこに行きたいというだけで、行っちゃうという人でしょうか。ツアー料金が割安だとか、みんなが行くから、誰かに自慢したいから、はなはだしきは誘われたからなどという理由で、大枚を払って海外に出かけていく人がいます。

　最初に書いたように、どんな風に訪問してもよいのですが、これじゃあ、あまりにももったいなくはないですかと言いたいのです。せっかくお金をかけて海外まで出かけていくのですから、少しでもご自分の知的好奇心を満足させるような結果になった方がよいのではないでしょうか。

　これを自分に当てはめてみると、今回は印象派の足跡をたどる旅です。なにしろモネが睡蓮シリーズを描いた家と庭園、「印象・日の出」のルアーブル、数々の名画の舞台になったエトルタ、ルーアン、オンフルールなどを巡り、更にはパリはモンマルトルあたりでもルノアール、ゴッホ、ドガ、マネ、ロートレックなどが歩いたであろう通りを散策するつもりなのですから、これが印象派の足跡をたどる旅でなくてなんでしょう。

　余談ですが、モネが睡蓮で繰り返し描いた庭とほとんど同じものが、四国にあるのをご存じでしたか。私は行ったことがありまして、本家に勝るとも劣らないだろうというのが第一印象でしたが、まだ本物を見ていないのですからおかしいですね。

　印象派と同じような重さでのテーマが、モンサンミシェルを間近に眺めるということです。若い頃に何度かフランスは訪れていますが、なにしろ貧乏旅行だったので、割とお金がかかるモンサンミシェルまでは足を伸ばすことができなかったのです。今回は40年越しの希望が叶えられそうで、今から興奮しています。

　もうひとつの楽しみは、映画のシーンをたどれるということです。パリにはそれこそ、いくらでも名場面がちりばめられていますが、今度の旅ではわざわざ遠回りをしてシェルブールまで行くのです。あのプラットホームでの別れの場面、波止場、石畳の路地など、思い浮かべるだけでわくわくしてしまいます。

　パリでは美術館巡りが楽しみだったのですが、偶然にも滞在中の日曜日がツールドフランスのパリゴールに当たってしまいました。もうとっくに終わっているだろうと思っていただけに、これはうれしい誤算でした。だけど人がいっぱいということは、スリもいっぱいな道理で、せいぜい気をつけて沿道から応援したいと思います。

準備段階から、旅行は始まっている

　パスポートを取得したり、旅行会社でのツアー申し込みなどはどこでも書かれているので、私の場合は特殊なケースだけを抜き書きしていこうと思います。

　普段の生活と海外訪問中の自分が一番に相違しているのは、多額の現金を持ち歩いているかいないかだけにかかっているといっても過言ではありません。

　そこが狙われているわけであって、だから海外滞在ではスリやかっぱらいに遭遇するものだと考えて準備をする必要があるのです。今どきキャッシュなんか持ち歩かないよ、と冷笑する人もいるかも知れませんが、カードでも電子マネーでも基本は変わりません。

　いくら注意を払っていても、また最新のセキュリティを講じていても、相手はその上をいくわけですから、何重かの防護策を講じておくのが効果的です。

　私は常日頃から、財布と携帯にはビヨーンと伸び縮みするコイル状の紐をつけていて、その端っこをベルト通しにつないでいるのです。国内ですら、このくらい気をつけているのでして、そのメリットは小さくはありません。

　たとえ携帯を手からすべらせても宙ぶらりんとなるので、地面に激突しないのです。また財布であれば、

たとえばすられたとしても、紐が伸びきったときにスリの手からスリ落ちるはずだというのは、指に挟み込んだだけの状況だろうからです。

　今回は携帯を持参しないのは、海外では使えない代物だからであって、最初から自宅に置いていくつもりです。財布の紐は活用するのですが、それだけでは不安だと考えた私は、ポケットに細工をすることにしました。

　ぼんやりしているときでも被害を食い止めるには、簡単にはすられない工夫をするしかないわけで、ポケットにマジックテープでふたをしてしまうのです。そうすれば指を突っ込まれてもいきなり財布には届かず、マジックテープを剥がそうとすればビリビリと音がするわけで、かなりの効果が期待できます。

　縫い付け用、のり付け用などある中で、私はアイロン接着用を買ってきました。これをズボンの左右と後ろポケットに付けたら、しっかりと口が閉じてしまって、自分で使うのも不自由なくらいになりました。

　自分で開けるのに苦労するくらいだから、スリさんは焦るでしょうね。ポケットの入り口でもたついていれば、さすが鈍感な私でも気がつくでしょうから、めでたく未遂に終わるという算段です。

　実のところ、いかにもスリという人間もあぶないのですが、それ以上にあぶないのが子どもの集団なので

す。人なつっこそうな笑顔を浮かべながら近寄ってきて、胸のあたりに地図かなにかを広げて視界を妨げ、その間に仲間がポケットやバッグから金品を抜き取っていくのが流行っているのでして、ポケットマジックテープはその対応策でもあるのです。

　ちなみに未確認情報ですが、どこかの国では子供を罰する法律がなくて、せっかく警察に突き出してもすぐに無罪放免になるので、子供たちは安心して同じことを繰り返すのだ、と聞きましたが本当でしょうか。

　ポケットマジックテープ封鎖と同時に、小さなバッグにも細工をしました。私が持参するのは手提げや肩掛けになる黒の小型バッグですが、隠れチャックを完全に開くとデイパックにもなるというすぐれもので、それだけにチャックがいっぱいついているのです。

　ぼんやりしている時でも被害に遭わないというのが最終目的ですから、チャックを開けられなければよろしいわけで、百円ショップで12個入りのカードリングを買いました。これは受験生が英単語のカードかなんかをまとめて束ね、表の問題を裏の答えで確かめるなんて使い方をするものらしいのですが、受験生でなくても使えるのです。

　このカラフルなプラリングでチャックのつまみ同士をつなげたら、おいそれとはチャックが開かなくなったではありませんか。もちろんプラスチック製のちゃ

ちなものですから、無理やりにこじ開ければ壊れてしまうのですが、おそらくそんな対抗策にはぶつかったことのない子どもたちをたじろがせるには充分だと思われます。

そして百円ショップでは、もうひとつ目についたものがありました。それはいわゆるホイッスルで、おまわりさんが交通違反者に向けて吹き鳴らすやつです。

こりゃいいやと買ってきたホイッスルは、カメラを首からぶらさげる用に購入した革紐に通しておいたので、いつでも吹くことができるのです。

ちなみに今回のカメラは、サンヨーザクティという、ムービーも写真も撮れるのに、手のひらに収まってしまうくらい小型のものですが、これで誰か日本人が被害に遭っているシーンを収めることがないように祈るばかりです。

カメラは小さな布製のバッグに収めて、胸ポケットに入れるのですが、常時革紐を首にかけているので、ひったくられるおそれは随分と少なくなると思います。

観光客然の時にはカメラを出して景色を撮り、隠し撮り的には布バッグからレンズだけを覗かせて腕組みしたような状態で使うのですが、危険はないのでしょうか。

この本のメインテーマは、パリとその近郊の楽しさを伝えることですが、同時に旅行時のトラブル対策な

ども載せられればいいと考えています。実際に我が同胞がトラブルに遭遇している場面を映像として収められれば、これ以上に説得力のある資料はないわけで、虎穴に入らずんば虎児を得ずとも言うことだし、がんばってみるつもりです。

　例え自分の身に何かが起こったとしても、古稀まで生きれば上等であとはおまけのようなもの、子どもも大きくなったし、当分の生活費は蓄えてあり、見られて恥ずかしいようなブツは処分したから、もうこの世にはなんの未練もない、なんて心境にはなれるはずもなく、考えれば考えるほどあれもしたいこれもしたいなどが思い浮かぶ今日この頃、事情の異なるフランスで悪あがきをしながらも、結局は無事に生還するのではないかと思います。

コラム
持っていくもの、持っていかないもの

　わずか10日のプチ滞在ですから、荷物はそれほど多くありません。小さなバッグに洗面用具、パンツシャツ一式と上っ張り、折りたたみ傘を入れます。こうすればスーツケースが紛失しても、当分の暮らしには困らないのです。

　機内持ち込みサイズのキャリーケースは、象に踏まれたらひとたまりもないくらいに軽量でヤワな物を選びました。だって開けられるときは開けられるのだし、つぶれるときはつぶれるのだから。

　それよりも機内に持ち込めるという点が重要なわけで、ターンテーブルで自分の荷物が出てくるのを待つことなく、入国審査に並べるという最大の利点があるのです。

　このキャリーケースは最近のはやりなのかどうか、横っちょの長穴にふたつのチャックのつまみを差し込み、その部分をキーロックするというタイプの物ですが、こういったスタイルでは鍵をなくしたらおしまいという大きな欠点があります。

　そこで私は、普段から自転車で使っていたサドル盗難予防用のナンバーキーを活用することに決めたのです。このコイルを手提げ部分に通し、チャックのつまみ穴を両方ともロックしてしまえば、もう開けることができないのです。

　この方法の利点は他にもあって、たとえば列車の中で荷物を離れた場所に置かなければならないような場合、どこかにつなぎ止めることも可能なのです。もちろん強い力では引きちぎら

れてしまいますが、対策をとっていると見せることがすなわち抑止力になるわけであって、効果がないはずがないのです。

そしてこちらに入れて持っていくものとして、まずはパンツが8枚です。数あるガイドブックの中に、シャワーのついでに洗ってしまえば翌日乾いているから、パンツは3枚でいいなんて記述がありましたが、私はそうは思いません。パンツにせよパンティにせよ、よっぽど特殊な機能を備えたものでなければ薄っぺらでしょうから、短期のプチ滞在ならば宿泊数だけ持参するというのが正しいのです。

女性の場合は、7枚は持参してもらいます。そして全部を色違いにして、たとえば月曜日は白、火曜日は赤なんて決めておけば曜日も間違いません。その際に日曜日は絶対に黒でなければいけません、というのは単なる著者の希望というか妄想であって、違ってもいいのです。

これが数ヶ月なんて長期になると、滞在日数と同数というわけにはいきませんが、それでも8枚くらいあれば随分と楽なことは請け合います。

アンダーシャツも同じような理由から、なるべくいっぱい持っていった方がよいのです。若かりし頃の旅行で、こざっぱりした服装の同胞が、アンダーシャツから微妙な臭いをさせていたことがありましたが、ああはなりたくないものです。

それじゃあ靴下もいっぱい持っていくかといえば、こちらは4足でよいのです。それこそシャワーついでに洗ってしまえば、どこに置いても乾いてしまうので、宿泊数ほどいらないのです。

こんな風に書き進めていますが、これらはあくまでも私個人の考えであって、どうしてもという人はパンツ2枚でも靴下8枚でもよいのですよ。アンダーシャツの2枚を毎晩洗い回しす

るのも大いに結構ですが、かなり大変じゃないですかと申し上げているだけであって、私のいうとおりにしなければならないなんてことはないのです。

そこら辺をご理解願っておいて、話を進めていきますが、要は出発時にスーツケースがスカスカなくらいの方がよいのであって、あとは自ずと決まってくるでしょう。

綿シャツが3枚ですが、スタンドカラーの中に、襟付きを一枚入れました。これはネクタイ（黒のニットタイ）用で、サンミシェルに敬意を表する場面、あるいはちゃんとした劇場を訪れる時に着るのです。ちなみに普段穿きのズボンは黒作務衣の下ですが、きちっとしたスーツパンツも持参するのです。

黒ネクタイに白Yシャツ、麻混のグレーズボンに黒の革靴とくれば、馬子にも衣装じゃないけれど、それなりにきっちりと決まるのではないでしょうか。本当はスーツの上があれば完璧なのですが、さすがにかさばるので、ワインレッドのシルクジャンパーで代用させるのです。

黒の革靴は普段穿きにするもので、革靴だけど底が軟らかくて歩きやすい優れものです。これは一度底革がベリッと剥がれてしまったのを、軟質ゴムで補修したもので、見てくれはちゃんとしているのです。

パジャマは迷った末に、薄手の上下を入れました。だって睡眠はとても大事で、あるもので苦労するよりも、最初からパジャマで寝た方が熟睡できるもの。

フェースタオルが3枚、ハンカチも3枚の他には、薄っぺらなスプリングコートみたいなやつも入れました。これは和風の道行きみたいに前合わせの長羽織ですが、繊維はナノなんとかで出来ていて、雨粒なんかは平気ではじいてしまうので、レイン

コート代わりにもなります。もちろん防寒にも役立つのであって、雨模様の肌寒い日なんかも、これを一枚羽織るだけで充分に対応できるのです。

　暑さには薄着しかないのですが、寒さには重ね着がいいですよ。特に旅行には本格的な分厚いコートは邪魔なだけで、薄手のものを何枚か重ね着することで対応した方がスマートでしょう。7月下旬のフランスですから、それほど寒くはないと思いますが、一応は雨と寒さ対策として用意しました。

　着るものとしては、あとは絽の作務衣が一枚です。こちらは小さなバッグの中にいつも入れておく用で、冷房対策として活用するのです。つまるところ普段の格好は、黒のだぶだぶ作務衣ズボンに、スタンドカラーの綿シャツ、黒革靴に黒ベレーという、いかにも日本人風というか、無国籍風というか、そんなスタイルになってしまいました。冷房が利いているお店とかでは、ここに紫色のすけすけ作務衣上着を羽織るわけであって、願わくは異国であまり浮き上がらないことを‥‥。

　服装としては以上ですが、その他には洗面用具一式があります。歯ブラシはよいとして、歯磨き粉は市販されているチューブでは機内持ち込み出来ないと聞いてびっくりしました。液体類は透明なプラケースで百cc以下しか持っていけないそうで、仕方なくそんなセットを買いました。だから透明ケースの中に、小型電池式ヒゲそりなんかが入っているのも丸見えなのです。

　いろいろと調べている過程でわかったのですが、充電式ヒゲそりは問題ないけれど、いわゆる切れる刃のカミソリはダメだそうで、その他にも爪切りやハサミなど、とにかく刃物と称されるものはすべて、機内持ち込みにはできないそうですから、ご注意ください。

プチ滞在の決め方

パックツアー大いに結構、楽に行って楽に帰ってこられて、これ以上安くて快適で安心な旅行はありません。ただし今回の私のように、あるテーマをじっくりと掘り下げたい、もしくは同じ町に長く滞在したいなんて時には、パック旅行では満足できない場合が出てきます。

旅行会社もいろいろと目先を変えているのは、海外を体験した人が多くなって、ありきたりの行程では物足りないと考える人も増えているせいでしょうが、それでもたっぷりゆっくり印象派の足跡をたどるツアーはないのです。

だから自分で旅程も考えなければならないのですが、これが結構大変で、一番苦労するのが現地でのバスや列車のダイヤを調べることでしょうか。あらかじめ大まかな旅程を立て、それが可能かどうかを時刻表で照らし合わせていくのですが、しまいには覚えてしまうほどに研究しました。

フランス鉄道時刻表（SNCF horaires）というのをパソコンから呼び出して、ノルマンディ地方にいき、出発地と到着地、それに日付と時間帯を入れると、その間にある列車が全部出てきます。と簡単に書いては

いますが、実はこの作業が大変で、挨拶と数え方程度しかフランス語がわからない私などには大苦労でした。

それでも慣れというものはおそろしいもので、何度も失敗しているうちにはそれなりに使いこなせるようになるから不思議です。この本の紙数に余裕があったら、主要な路線のオレール（時刻表）を掲載できるかも知れないし、できないかも知れません。

そんなこんなである程度の交通情報を仕込んだところで、最終的な旅行日程を決めました。出発便は成田と羽田の両方から選べるのですが、どうしても早朝に到着したかったので、羽田発のエールフランス機に決めました。

格安航空券を求めにいったHISでは、搭乗券の発券条件として、一泊目のホテル確約を迫られましたので、ルアーブルでおまかせしました。するとすぐにとってくれて、とりあえず初日の宿は確保できたのです。

帰りの便も調べてもらっている過程で、帰国を1日延ばすと、1万円以上も安くなることがわかって、当然ながらそちらにしてもらいました。そして帰りの便は夜発ですから、パリプチ滞在は4泊5日ということになったのです。

その前にノルマンディを訪れるのですが、ルアーブル一泊は必然的に決まったので、2日目をどこで泊まるかで悩みました。一番に泊まってみたかったのはオ

ンフルールという港町ですが、ここには鉄道が通っていないで、バス便しかないのです。

　もちろんバスの時刻表も調べていて、エトルタ行きは一日に数本しかないバスが、オンフルールにはいっぱいありそうだとまでわかっていました。ここは絶対にゆっくりと見て回りたい今回の白眉だから、ほとんどオンフルール泊まりに気持ちが傾いていたのがひっくり返ったのは、やはりバス便しかないという不便さでした。

　鉄道駅からバスに乗るのは比較的簡単でも、バス停から鉄道駅に行くには苦労する場合があるかも知れないとの判断は、後ほど正しかったことが証明されるのですが、それはもっと先で出てきます。

　結局、カンという町に二泊目を決めました。ルアーブルからエトルタまで朝一番のバスで行ってモネの絵で有名な断崖絶壁を見、ついでに怪盗ルパンの家も見学、ルアーブルに帰ってきてバスを乗り換えてオンフルールを歩き、そこからまたバスを変え、夕方までにはカンに到着という日程にそれほど無理はなかったのです。

　印象派の足跡をたどると共に、なつかしい映画のご当地もこの目で見てみたいという強い思いもありましたから、カンからシェルブールまで行くのが三日目で、この日は戻り気味に列車を乗り継いでモンサンミシェ

ルまで行くのです。

　モンサンミシェルで2泊のプチ滞在、それからレン
ヌ、そしてTGVでパリに入るという日程がぐちゃぐ
ちゃになるなんてことは、神ならぬ身の知るよしもな
かったのでございます。

　パリでの計画も、それなりに立てましたが、二日酔
いで起きられない日があるなんて予定が事前に判明し
ているはずもなく、かなり乱れたものにもなってしまっ
たのでした。

　それでも当初はどんな計画だったかを、書き出して
みましょうか。随分とラフなプランだなあと感じる方
もおいででしょうが、これくらいでちょうどいいと思
います。

1日目：午後パリ着、タクシーでホテルに、シャワー、
　　　　着替え、時間があれば午睡。サンドニ通りを
　　　　そぞろ歩いてパサージュ巡り、見られればルー
　　　　ブル、夕飯を食って帰る。

2日目：朝一でマルモッタンモネ美術館、午後はツー
　　　　ルドフランスパリゴールをシャンゼリゼのど
　　　　こかで見物、夜までエッフェル塔。

3日目：オランジュリー美術館、バトビュス（船バス）
　　　　に乗ってプチパレか、もしくはずっと乗って
　　　　いてセーヌ川を満喫、夜はクレイジーホース。

4日目：オルセー美術館、サクレクール界隈、夜はピ
　　　　ガールで夜遊び。
5日目：出発日なのでホテルに荷物を預け、サンマル
　　　　タン運河、北ホテルでランチ、あとは夕方の
　　　　空港行きバスに乗るまで自由行動。

－－－－－－－－－－－－－－－－－－－－－－－－－－－－－－

とまあ、ざっとこんな計画を立ててはいたのですが‥‥。

ホテルはどうするの

　若い頃の、時間と体力はあるけれど金はない旅行で
は、それこそホテル探しに一日使ってもよかったのだ
けど、今回のように日程が決まっている旅行では、日
本にいるうちにホテルが決められれば、それが一番よ
いことでしょう。

　パソコンでフランスのホテル予約なんて打ち込むと、
いっぱいホテルが出てきます。値段が高いところは立
地条件も設備も申し分なく、安いところはそれなりの
設備しか期待できないのは当然ですが、むしろ一番問
題にすべきは場所でしょう。

　びっくりするくらい安い宿がないことはないのです
が、モンマルトルの裏側とか、北駅の周辺とかは昼間
でも物騒なので、そんなところはやめておいた方が無
難でしょう。

私が選んだのは、東駅すぐ近くで、一日55ユーロという格安ホテルです。ここは北駅にも近いのですが、多少は危なさも少ないかなという判断でして、はたしてどうでしょうか。なにしろ4泊もするから、全部で220ユーロですむのは魅力です。

　次にモンサンミシェルの宿ですが、こちらは世界有数の観光地だけあって安宿は少ないのです。あるにはあるのですが、モンサンミシェルから遠く離れた立地だったりして、それじゃあ意味がないでしょう。

　だから私は張り込んで、一泊100ユーロ以上のルルレデュロワというホテルに決めました。ここは島から2番目に近く、ベランダからモンサンミシェルが望めるという謳い文句のホテルで、だから私は変なフランス語で「モンサンミシェルの見える部屋」とリクエストしておきましたが、実際の部屋はどうでしょうか。

　あとひとつは2日目のカンですが、ここは最後まで迷いました。どこにするかではなく、予約せずに行って現地で当たるかどうかで迷ったのです。現地でのホテル探しは旅の醍醐味ですが、そんなのんきなことも言っていられなくなったのは、候補としてあげていたホテルがどんどん消えていくからです。

　パソコン画面で、今日だけでこのホテル情報にコンタクトした人が18人とかのうちはまだしも、前日にあった3部屋の募集が翌日にはゼロになっていたりするん

じゃ、のんびりと構えてはいられません。そこで手頃なホテルに予約を入れて、これで旅先の宿はすべて確保したことになりましたが、私が年甲斐もなく焦らされたあれらは巧妙なあおり広告だったのでしょうか。

　インターネットで「フランスホテル予約」と打ち込むと、いっぱい出てきますから、それぞれがお好きなところに宿泊予約すればよいのですが、老婆心ながらコツみたいなものをいくつかあげてみます。

　ひとりの貧乏旅行で、とにかく安く切り上げたいなら、ホステルに限ります。男女共有のドミトリールームが特色で、いわば日本旅館の大部屋のベッド版だと思えば間違いないでしょう。

　それでも男女は分けられるでしょうし、貴重品管理だけしっかりしておけば、それほど変なところもないと思います。多少の窮屈さは、一泊4000円程度という安さを考えれば我慢できるでしょう。

　ホテルのひとり利用は、割高になるのが普通ですが、気をつかわなくてよい分だけ気楽です。それが一番のメリットで、門限なんかもゆるい場合が多いです。

　ひとりじゃ淋しくて仕方ない、という人はホームステイがよいでしょう。家庭的な雰囲気の中で、家庭料理なんかも供されたりしてアットホーム感この上なしですが、お値段もなかなかに張ったりもするのです。

　ふたり滞在なら、ホテルが利用しやすいですね。値

段もピンキリ、サービスもピンキリで選ぶのに困ってしまうくらい用意されていますが、やはり立地から探していった方がよいと思います。少しくらい安くても、メトロの駅から歩いて5分以上はもうあぶないし、どこに行くにもタクシー利用というわけにもいかないので、なるべく中心部のメトロ近くを選ぶことになります。バス停近くはどうだと聞かれれば、敬遠しておいた方がよくはないですかとしか答えられません。

　3人以上のグループなら、アパートメント形式が割安になります。設備や広さなどもさまざまですが、最大6人くらいまで泊まれますし、格安でエキストラベッドなども頼めるので、仲がよい同士ならば最高に楽しめることを保証します。

　他にもゲストハウス、R&B、バケーションレンタル（住民がバカンスに行っている期間だけ貸し出すアパートの部屋）なんて出てきますが、おもしろいところではラブホテルまで手配できることです。なぜかブラジルに多いのですが、もちろん日本国内の予約もできるみたいで、国内旅行中にラブホテル利用予定なんて人は、ぜひご活用ください。

　それはそうと、フランス滞在先でのホテルの心配がなくなれば、随分と心理的にも楽になります。あとは交通手段とエンターテーメントですが、こちらも可能な限り日本で手配することにしました。

フランスレイルパス

　欧州全域を走り回るならばユーレイルパスになります
が、今回はフランス一国のみで、しかも列車に乗る
日も限られているので、フレキシータイプにしました。
これは一ヶ月有効で、そのうちの何日かだけを利用で
きるもので、私は3日だけ使えるものを選びました。
　等級は1等と2等があるのですが、差額料金が5000円
しか違わないので1等にさせてもらいました。3日間で
どれだけの距離を乗りこなせるかが、損得の分岐点に
なるのですが、今回だけはぜいたくをさせてください。
あとでも出てきますが、1等は大正解だったのであっ
て、ふところ具合に余裕のあるシニアにはお勧めして
おきます。
　日本の新幹線利用パスが外国人に割安で売られてい
るように、フランスレイルパスも国内で買っておかな
ければならないのですが、パソコンを開けばいっぱい
業者が出てきます。専門の会社や旅行手配会社が扱っ
ているケースもあり、一概には言えませんが、専門業
者の方が情報が正確だろうとは思います。
　昔のように金だけ集めておいてドロンなんて時代で
はありませんから（今でもあるかも）、どこを選んでも
大差ないとは思いますが、それらをひっくるめて全部

が面倒だという人は、最初から最後までHISにお願い
してしまいましょう。それなら前述のホテル予約も、
あとから出てくるエンターテインメントの予約なんか
もすべてやってくれますから、簡単なことはこの上あ
りませんが、おそらく手続きのたびに安くはない手数
料がかかるのでしょうから、どっちがいいでしょうか。

　パスの使用予定としては、到着日に空港からパリに
は入らず、空港駅から北に向かってアミアン（大聖堂
で有名）、そこからルーアン、余裕があればパリ方向
に戻ってベルノン（モネの庭のジベルニー）、そして
一気にルアーブルという計画です。

　2日目はバス移動で、3日目はカンからシェルブール
へ、戻ってリゾン乗り換え、ポントルソンまでフラン
スレールパスを使います。ポントルソンはモンサンミ
シェルに一番近い鉄道駅で、うまくバス便があればもっ
とも効率的な行き方になるはずです。

　5日目はいよいよパリ入りで、ポントルソンからレン
ヌ、ここでTGVを予約してサンラザール駅まで一
直線という計画です。TGVに乗るには余計な料金も
かかるのですが、一度は乗ってみたいじゃないですか。

　予定はこうですが、フレキシーパスには特殊な手続
きが必要ですので、そこだけは注意しなければなりま
せん。それがバリデーションで、最初に使う日に鉄道
駅の窓口で、パスを有効にしてもらうことです。それ

でもそんなにむずかしいこともなく、なにも記入して
いないパスとパスポートを提示して、利用開始日と終
了日を記入してもらい、スタンプをもらえば手続きは
終了です。

　最初の日はそのまま使えますが、あとの2日分は自
分で日付を書き入れるわけで、ここを間違ってしまう
と大変なことになりますから、くれぐれも慎重に。た
とえば2日目に間違って前日の日付など入れてしまえ
ば、申し開きも出来ないで、3日目に今日の日付を入
れる羽目になりますから、結局は2回しか使えないこ
とになります。

　だから駅員さんが書いたのと同じように、日、月、
年を正確に記入しましょう。私もこの日付記入には随
分と気をつかって、何度も日にちを確かめたものです。

　実際に列車に乗るのに、誰にもパスを見せる必要も
なく、勝手に乗り込んでしまえばよいのです。切符だ
と直前に刻印しなければならず、けっこう気をつかう
のでしょうが、その点はパスは気楽です。

　検札も来たりこなかったりですが、くれぐれも列車
が動き出す前には日付を入れるのだけは守ってくださ
いね。日付欄を空白にしたままで車掌さんに見つかっ
た場合、どうなるのか私は知りませんが、おそらくか
なり面倒なことになるのじゃないかと想像できます。

ヌードは芸術たり得るか

　もちろんクレイジーホースのことですが、他にもパリ観光のエンターテインメントとしてはふたつの候補がありました。ひとつはカンカン踊りで有名なムーランルージュで、もうひとつはリドです。

　カンカン踊りも確かに楽しそうですが、オールドファッションな下着を見て興奮するほど人間が古くはなく、ただ楽しい雰囲気を謳歌するためだけならば料金が安くないと思いましたので、ムーランルージュは却下しました。

　リドはそれなりに格調高いショーを見せるらしいのですが、こちらは脱がないのです。服を着て踊っている人なんて、それこそどこでも見られるわけですし、ここも行かないことに決めました。

　結局、金髪さんの裸を見たいんじゃないか、と言われれば、返す言葉もございません。ただし私の場合、単なるはだか鑑賞ではなく、ヌードは芸術たり得るか、という高尚なテーマに対する探究心ゆえと言い訳しておきましょう。

　本当はここで、おおげさな見出しを掲げた割にはスケベ心が丸見えで‥‥と続いていくはずだったのですが、もう少しシニアに親切に書いた方がよくはないか

と思い返し、日本での実際の劇場予約までを詳述してみることにしました。ここでは私が使った会社名まで挙げていますが、ごひいきさんがあればそちらを使っても、ご自分で調べてくれてもいいのです。

パソコンで「クレイジーホース予約」と打ち込むと、いっぱい会社が出てきます。おなじみのHISなんかも扱っていますし、いろんなキャッチコピーが氾濫して迷いますが、ここはベルタを選んでみましょう。

大きく分けてショーを見学するには、4つのコースに別れているのでして、料金は最新のものをお調べください。

一番安いのが、ショーのみの見学ですが、ちょっとわびしい感じがしないでもありませんし、当然ながら席も後ろの方から割り当てられるでしょうから、魅力的なパリジェンヌの乳房の揺れ動き状態なんかをつぶさに観察するには、適さないかも知れません。

次に高いのは、シャンパン付きで、これが一般的なコースです。私が申し込んだのはこれで、お勧めでもある理由は本文を読んで参考にしてください。

プライベートツアー送迎つきになるとグッと料金がお高くなるのですが、メトロ出口からすぐですし、ひとり参加でなければタクシーに自前で乗った方が安上がりですから、よっぽどパリ不案内なシニアにしかお勧めできません。

ふところ具合と時間にゆとりのある人には、ディナー付きコースがよいのではないでしょうか。これには現時点で2コースあって、値段もランクがあるのです。この違いはレストランの格式とディナーコースの内容の違いから来ていると思われるのですが、私は利用していないので分かりません。実際のパソコン画面から転載しますので、どんな風に違うのかご自分でお確かめください。

★「Le Fouquet's」でのディナー

　シャンゼリゼ大通りに1世紀以上店舗をかまえる「Le Fouquet's」で、ショーの前または後にディナーをお召し上がりください。フランスのエスプリがつまったブラッセリーで素敵な時間を過ごしください。3コースのお食事とワイン（ハーフボトル）、ミネラルウォーター（ハーフボトル）、コーヒーが含まれています。

★クレイジーホースのショー「欲望 - Desirs」

　シャンゼリゼの近く、高級感が漂うジョルジュ・サンク通りにあるパリで最も前衛的なキャバレー、クレイジー・ホース。女性らしさという不朽のテーマに挑んだ「欲望 Desirs」は、きらめきと驚きに満ちた、ファッショナブルで芸術性の高い新しいシーンの連続です。

　厳しい選考にパスした魅惑のエリート、完璧なボディーをし

なやかに動かすダンサーたちは、このパリの幻想的な夜空に輝く星のようです。

　1951年の創業以来、クレイジーホースは洗練されたアンティオーム（親密）な空間の中で、そのダンサーの美しさや個性、才能を引き立てることに力を注いでいます。そして、無数のセレブリティをはじめとした600万人以上の観客がこの世界で唯一の場所に魅了されました。

　小泉元首相のお気に入りのショーでもあり、パリを訪問中に2度も足を運んだといいます。

〜女性らしさ、独創性、斬新さ〜

　バッキンガム宮殿の兵隊に扮したダンサー達が現われ、ショーは幕を開けます。《セカンドライフ》《進化》《シャンパンの味》など、さまざまなテーマにそった華やかなシーンが繰り広げられます。官能的なバレエ、優雅な古代の神々、更にアクロバティックなシーンなど、バラエティーに富んだショーは、観光客だけでなく地元のパリっ子からも高い評価を受けています。

■上演時間：2時間
■上演場所：クレイジーホース
　　　　　（12 Avenue George Ⅴ, 75008）
EUR 要確認
【日〜金曜日】
20：15開演のショーをご覧いただいたあと、ちょっぴり

遅めの22：15からディナー。

【土曜日】

19：00開演のショーをご覧いただいたあと、21：00からディナー。

■所要時間：2.5時間

■開催曜日：毎日

■送迎：送迎なし

含まれるもの：ショー料金／3コースディナー／ワイン（ハーフボトル）／ミネラルウォーター（ハーフボトル）／コーヒー／シャンパン（ハーフボトル）

開始時間：19：00（土曜日）／20：15（日曜日〜金曜日）

　クレイジーホースは、パリにとって欠かせない存在。女性という尽きることのない主題に対して創造を繰り返しています。今夜はどんなショーがあなたを魅了してくれるのでしょうか？

★ 「Le Fouquet's」にてディナータイム

　創業1899年、パリでは超有名な老舗カフェのディナー、そしてショーのワンシーンで話の花を咲かせましょう。特別なパリの夜をお楽しみください。

◆現地解散

◆参加制限　全パッケージ共通

・16歳以上のご参加をおすすめしています。

◆参加時必要な服装・持ち物　全パッケージ共通

・スマートカジュアルでの服装でご参加ください。
男性はジャケットまたはネクタイ着用をおすすめします。
ショートパンツやスポーツウエア、ビーチサンダル等カジュ
アルな服装はご遠慮ください。入店を拒否されることがござ
います。

◆参加前、参加時必要事項　全パッケージ共通

・レストランには直接お越しいただき、スタッフにご予約のお
名前をお伝えください。

・レストランとクレイジーホース間は各自徒歩で移動をお願い
いたします。

・クレイジーホース受付カウンターにてのバウチャー（予約券）
のCONFIRMATION# の横に記載されている番号をスタッフ
にご提示ください。バウチャーはお支払い済みの証明となり
ますので、当日必ずご持参ください。

・ショーを含めて劇場内でのカメラ・ビデオによる撮影は厳禁
です。

・お荷物が多い場合や、コート類をお持ちの場合は、クローク
をご利用ください（無料）。

・お申し込みの開始時間帯によりディナー、ショーの順序が異
なります。

20：15　ショー開演 > 22：15　ディナー

19：00　ショー開演 > 21：15　ディナー

19：30　ディナー　 > 21：30　ショー開演

20：30　ディナー　 > 22：45　ショー開演

21：30　ディナー　 > 23：45　ショー開演

食事の前か後かでクレイジーホースのショーを見る
のは同じでも、フォルケよりも若干お安いのが下のレ
ストランでのディナー込みコースです。

★「La Fermette marbeuf 1900」でのディナー

　1900年代を思わせる装飾で魅力的なレストラン「La Fermette
marbeuf 1900」で、ショーの前または後にディナーをお召し
上がりください。フランスの歴史がつまった空間で素敵な時間
を過ごしください。3コースのお食事とウェルカム・カクテル、
ワイン（ハーフボトル）、ミネラルウォーター（ハーフボトル）、
コーヒーが含まれています。

　両者ともに同じようなスケジュールですから、食事
内容とシャンパンの量の違いだけだと私は判断したの
ですが、もしも実際に両方を体験してそうではなかっ
たという奇特な方がいらっしゃったら、ぜひご一報く
ださい。

　Velta.comを呼び出して、コースを検討した結果と
して、正式な申し込みとなるのですが、パソコンの指
示通りにやっていけば、そんなにむずかしくはありま
せんので、勇気を持ってトライしてみましょう。
　そうしてベルタのいう通りに先に振り込みをすると、
バウチャーが送られてきますから、これを大切に保管

してクレイジーホースやレストランで提示するとサービスが受けられるという段取りになっております。無くしたら大変ですから、パスポートやeチケットと同じ程度の注意深さで管理しておきましょう。もしも紛失して現場に行ったら、どんな対応になるかは分かりません。

　ちなみにシャンパン付きコースで、他のアルコールにしてもらう方法もあります。どうしてもウイスキーしか飲めないとか、ワインの方がいいという人は、本文を参考にしてください。ただし、焼酎はリクエストできないでしょう。

　シャンパンハーフボトルと、スコッチの水割り2杯のどっちがお得かという話にもなるのですが、大いばりで頼める話でもなく、かなり丁寧に変更をお願いしなければならない、どちらかといえば当方のわがままですから、微妙な言い回しができないならばメニュー通りのシャンパンにしておいた方が無難かも知れません。

　帰国後に知ったのですが、ベルタで扱っているエンタメには3大ショーの他にまだあって、それが古き良き時代のパリを彷彿させるパラディラタンなのです。先に知っていれば両方行ったのにと悔やむも後の祭り、せめてみなさんには事前にお知らせしておきますから、選択肢のひとつに入れてください。

★パラディ・ラタン（Paradis Latin）

☆お洒落＆フレンチ・ノスタルジックなキャバレー
　ディナー＆ショー

　パリ左岸のカルチェラタンで100年以上もパリっ子に愛され続けるキャバレー「パラディ・ラタン」。

　ステージと客席に一体感がある中規模の劇場で、ノスタルジックでお洒落なフレンチ・キャバレーの魅力が満載。一流レストランに勝るとも劣らない自慢のディナー＆ショーをご堪能ください！

パリの老舗キャバレー パラディ・ラタンとは？

　あのエッフェル塔を建設したことで知られるフランス人技師ギュスターヴ・エッフェルによって作られたキャバレーです。お洒落なカクテルにミュージカル・コメディー、モダン・バレーなどフレンチ・キャバレーの魅力がいっぱい！　このキャバレーは、ディナーメニューにも力を入れていることで有名！　毎日劇場にあるキッチンで自家製のパンを焼き上げています。

■上演時間：1時間45分
■上演劇場：パラディラタン（Paradis Latin）
■上演スケジュール：水〜月曜　21時30分／火曜　催行なし
（スケジュールは予告なく変更になる場合がございます）

◆ EUR 要確認　フェスティバルメニュー
【前菜】シュリンプ・ペストリーまたはペリグルディーヌ

のサラダ

【メイン】チキンのフリカッセ、ズッキーニのフランまた
は新鮮サーモンと野菜のプロヴァンス風煮込み

【デザート】アイスクリーム盛り合わせ

【ドリンク】ボルドーワイン（ハーフボトル）、シャンパン
（1/4ボトル）、ミネラルウォーター（ハーフボトル）

※仕入れの関係や季節よって、メニューは変更となる可能
　性がございます。

所要時間：3.5時間

開催曜日：日、月、水、木、金、土

送迎：送迎なし

スケジュール

19：45　パラディラタン集合

20：00　ディナーをお楽しみください。

21：30　ショー開始

23：00　ショー終了　解散

◆ EUR　要確認　スターメニュー

【前菜】フォアグラとブリオッシュのトーストまたはノル
ウェー産スモークサーモンのスライスまたはエスカルゴ

【メイン】鯛のロースト・フィレ　レモンの砂糖漬けとエン
ダイブの煮込み添えまたはシャトーブリアンと4つのペッ
パーソース　ポン・ヌフ切りのポテト添えまたはアヒルの
胸肉のスライスとクランベリー・ハニーソース　ポテトの

ロゼット添え

【デザート】アップルタルト　キャラメルソースまたはシャーベット盛り合わせ

【ドリンク】ボルドー・ワイン（ハーフボトル）、シャンパン（1/4ボトル）、ミネラルウォーター（ハーフボトル）

◆ EUR　要確認　プレステージュメニュー

【前菜】真鯛のタルタル　生姜とライム風味または蟹の花びら仕立て　マンゴーとレモン風味

【メイン】仔羊のハーブ焼きグリーンサラダ添えまたは鱈のパヴェ野菜炒め添えまたは牛ヒレ肉のロッシーニ風ポテトドーフィノワ添え

【デザート】カール・マルレッティ特製デザートまたはヌガー　ベリーソース

【ドリンク】ボルドー・ワイン（ハーフボトル）、シャンパン（1/4ボトル）、ミネラルウォーター（ハーフボトル）

◆ EUR　要確認　ニューイヤーセレブレーションSP

乾杯用シャンパン

【前菜】フォアグラとアスピックゼリー　焼きたてブリオッシュ　桜蟹のソテー　エクストラバージンオリーブオイルソース松の実とフレッシュハーブ添え

【メイン】仔牛肉のソテー　春野菜とフランス風グラタンを添えて

【デザート】パラディラタン特製ケーキ　コーヒーと小菓子

【ドリンク】ボルドー・ワイン（ハーフボトル）、シャンパン（お好きなだけ）

開催曜日：水、木　大人子供共通

◆ **EUR　要確認　バレンタインデー SP**

乾杯用シャンパン

【前菜】フォアグラの4つのペッパー仕立て焼きたてブリオッシュとシャンパンのジュレ添え

【メイン】鱸のフィレ　フェンネルと生姜風味　マッシュルーム添えまたは鴨胸肉のロースト　クランベリーとはちみつのソース　季節の野菜添え

【デザート】パラディラタン特製ケーキ　柑橘類パウダーとベリー添え

【ドリンク】ボルドー・ワイン（ハーフボトル）、シャンパン（お好きなだけ）

　どうですか、これだけのごちそうを食べながら、フランス風エスプリ満載のキャバレーシーンが堪能できるのですから、もう予約するしかないでしょう。せっかく行く気になったのに、こんなに高いんじゃあ敬遠するしかないと思ってしまったあなた、ご安心ください。

　ディナー抜きの格安コースもあるのでして、グラスシャンパン一杯つきコース、シャンパンハーフボトル

付き、そしてシャンパンハーフボトル＆マカロン5個付きコースなどが格安ですから、料金をお調べの上でお出かけください。

　年齢制限が12歳からとなっているのは、ショーがそれほどおとな向きではないということでしょうが、それにしても一度は行ってみたくなってしまったパラディラタンだったのでした。

　クレイジーホースを見られれば、もうパリに思い残すことはないと思っていたのに、新たな気持ちの引っかかりができてしまって、いつまでも往生できない私だったのです。

　それはさておき、ホテルとフランスレールパス、それにクレイジーホース予約までしてしまえば、もう国内でしなければならない手続きはありません。それではぽちぽちと、旅に出かけることにいたしましょう。

羽田空港について

　若い頃は船と鉄道、あるいはバスを乗り継いでどこにでも行っていたのですが、南米旅行くらいから飛行機代の方が安くなりました。南米大陸は一カ国を除いてすべて踏破したのですが、またそれは別な話です。

　とにかく飛行機で何度か海外に行く機会がありましたが、いずれも成田空港出発だったのです。今回は主

に現地への到着時間から検討したところ、羽田発に決まりました。

　参考までにパリに行く便は、エールフランスだけではなく、日系航空会社も飛ばしていますし、格安航空券もあることはあります。けれどもたとえば某国経由なんて場合、某国飛行場で半日も待たされるケースがあったりして、とても使いにくかったりするのです。その町に半日ですむ用事があるなんて人には、願ったりの便ですが、そんな人は少ないでしょう。そうなれば、直行便ということになり、航空会社は絞られてきます。

　私は前述の通りにフランスびいきですから、今回は頭からエールフランスに決めていたのでして、そうなると4便くらいからの選択になります。

　午後遅くとか夜に到着するのは、一日の時間の使い方としてはもったいないわけで、そうなると22時55分羽田発、04時30分パリ　シャルル・ド・ゴール空港着のAF293便しかありません。

　本当は朝の6時くらいについてもらうと都合がよかったのですが、そんなぜいたくをいってもいられませんので、とにかくこの便に予約を入れました。

　前述しましたが、日程が決まっているのであれば、帰国日も決まっているわけで、当然ながら帰国便と料金も決まってきます。けれども時間に余裕のある人は、

帰国便のいくつかを調べてもらうといいですよ。時間をずらしたり、日にちをずらしたりしているうちに、きっと割安な帰国便が見つかるはずです。

　私の場合は、運良く節約できたのでして、このテクニックは時間に余裕のあるシニア向けにあるようなものです。余談ながら、サラリーマンとかサラリーレディなんかは、元々タイトな時間をやりくりして海外旅行を楽しみ、そのまま会社に直行なんて豪傑もいるらしいのですが、そんなに無理がきくのだから、若いっていいですねえ。

　そうそう、羽田空港でした。初めての羽田をエンジョイすべく、早めに家を出たので充分すぎるほどの時間がありました。けれどもしておかなければならないことはあるわけで、その最たる手続きがチェックインです。

　以前ですとちゃんとした搭乗券を事前に渡されていて、カウンターでは座席の希望を述べたりしたものですが、今はeチケットに変わっているんですね。これは薄っぺらなコピー一枚に、行き帰りの旅程と便名だけが書かれたものでして、チェックインと座席の決定は機械相手に自分でしなければならないのです。

　カウンターに美女がズラーと並んでいるなんて情景は望むべくもなく、入力装置だけが並んでいるところで、機械相手に何かをしている人がいます。少し離れて観察していると、どうやらいわゆるチェックインを

それでしているらしいのです。

そんなことを聞かされていなかった私は、昔風のカウンターでの対応をするのだとばかり思っていたのですが、ここはアタックあるのみです。

まずタッチ画面で、日本語を選びます。それから旅行先を選ぶと、急にパスポートを出せと言ってきました。あわてて貴重品入れからパスポートを出してタッチ画面に見せるも、相手は無反応です。それどころか、最初からやり直せくらいの感じですので、こっちも中っ腹で機械を変えてやりました。

最初からやり直して、よくよく指示を見ると、パスポートの顔写真の部分を開いて、下の方のガラスに当てろということだったのです。パスポートを見せろといわれれば、団塊の世代だったらタッチ画面に押しつけちゃいますよね。え、私だけですか。

ともかく指示通りにやったら、次には座席がここでよろしいかと来ましたね。窓際だったので文句はなかったのですが、変更も出来るとのことで次の画面に。

ところが他に空いているのは中央の2席だけで、あわてて戻って最初の席で決定しましたが、別にあわてる必要はないのです。ともかくそうして、いわゆる搭乗券を入手しましたが、これまたコピー一枚で、昔のちゃんとした格調ある搭乗券はいつ頃に姿を消したのでしょうか。

私はまだ、パソコンを使えたりもしているから、間違えながらも最終的には目的を果たしましたが、あれを使いこなせないシニアの方は少なくないと思いますよ。世の中の仕組みが、どんどんシニアを置き去りにしていく方向だと思うのは、ひとり私だけでありましょうか。

　そんな感慨を抱きながらも展望テラスに出ると、思いがけないほどの素晴らしい景色が展開していました。あっちにもこっちにも飛行機がいるのは当然としても、ひっきりなしに離着陸を繰り返す飛行機たちの姿の美しいこと。

　大きいのから中型まで、旅客機から貨物機までが入り乱れて、それでもちゃんと順番を守って離陸したり着陸したりする情景は、感動的ですらありました。

　感動すればおなかが減るのが団塊の世代（？）、数あるレストランのうちから、とある中華屋さんに入りました。美味しそうなメニューがいっぱいですが、おそらく離陸直後には機内食が出ると思うと、あまり腹一杯にするのは得策ではありません。そこでエビそばを軽くいただきましたが、それでも最近はとみに小食気味の胃袋にはかなりヘビーだったのです。

　そんなときの特効薬があるのですが、わかりますか。食べ過ぎてしまって胃がもたれるとか、このあとで何かを食べなければならないのだが空腹でない、あるい

は逆流性食道炎ぎみで胸焼けがするなんて時には、私はロッテのグリーンガムを食べるのです。ガムを噛んで唾液を食道から胃に送り込むことによって、胸焼けはなくなり、もたれは解消、おなかが減ってくるのだから、まさに特効薬です。

ただし、昔からあるタイプのガムにしておいた方が無難で、新型の甘味料は反対におなかをゆるくする場合もあるので要注意です。

ひとつ忘れていましたが、飛行機が飛び立つ前に、もう一点だけ申し上げておきましょう。それは保険のことで、何が起きるかわからない海外旅行では、決してないがしろにはできないものです。

国際カードに旅行保険がついているから大丈夫なんて人は、よーく保障内容を確かめてみてください。たぶん、あまり充分な保障とはいえないのではないですか。

私の保有カードも試しにパンフレットを取り寄せてみたところ、まったく満足できるものではありませんでした。ちなみに入会時は確かについていた海外旅行保険が、いつの間にか付随していない、なんてこともありがちなので、最新の内容を確認する必要があります。

そこで各社から発売されている海外旅行保険のいずれかを選択するのですが、あまりケチらない方がいいかも知れません。

懇意にしている保険屋さんに聞くか、町の保険の窓

口に行って相談するか（やたらに高い方を勧める場合あり）、パソコンで調べるかなどの方法で情報を集めてみると、随分とたくさんの種類が出てくるのです。値段も保障内容もそれこそピンからキリまでで、迷ってしまうほどですが、どうせならば保障が充実している方に入りましょう。

　私の場合、死亡と後遺障害に二千万、治療救援費用は無制限、賠償責任（免責ゼロ）一千万という、かなり手厚い保障の保険に加入しました。それでいて携行品は20万、偶然事故対応費用は5万に抑えました。

　保険というのは何かがあったときに、残された家族に負担をかけないためのものであって、携行品なんかは最低保障でもよいのです。少しばかりの損害を補償してもらうために、やれ盗難届だ、やれ被害届だとうるさいことを要求されて、どうせ途中でいやになって請求を投げ出してしまう人が多いのですから。

　これで料金は8800円ですから、安心料としては安いものです。保障内容がグッと低くなるものでも5000円くらいはするのですから、この程度の差額はケチらない方がよろしいのではないかと思います。

　さて、保険の話までしてしまえば、もう準備段階で伝え残したことはございません。本当にこれで、出発しますよ。

優雅なる窓際族

　エコノミークラスに限っていえば、10人ほどの横列の中で窓際に座れるのはふたりだけなのであって、外を見ることだけが楽しみな私にとってはラッキーとしかいいようがありません。

　若い頃は封切り前の映画上映などを、胸躍らせる気分で見ていましたが、最近の目の前にひとつずつあるやつはいけません。あまり近くでブラウン管を見てはいけないと教育されてきた私にとって、同じような液晶画面も、なるべく離れて見るくせがついてしまっているのです。

　しかも前席の人が早めにリクライニングしてくれた日なぞは、その距離が30センチも保てないわけで、目にも脳にもよろしいわけがありません。行きも帰りも、見続けの人が多かったのですが、シートの隙間からあちこちの画面を覗き見するのが結構おもしろかったですよ。

　ほとんどがCG合成のハリウッド物が多かったみたいですが、いくつかを見比べていると、かならずどこかでクライマックスをやっているわけであって、みなさんも他の人にいやがられない程度にやってみることをお勧めします。

夜に離陸して、早朝に到着ですから、昼間を飛び越える理屈ですが、どう考えてもわからないのです。あれが極端に早くなって、時間よりも光よりも早く飛ぶようになったのがタイムマシンだなどと言われると、余計に混乱してしまうのです。

　いずれにしても外が明るいうちは窓が開けられないので、仕方なく寝ていましたが、暗くなったのを見定めて薄めに開いた窓から外をのぞいた途端、息を飲みました。

　明るく光っている部分と、黒く沈んでいる部分が複雑にからみ合っているのは、まさしく地球には違いないはずなのに、なにか異生物のようにも見えて、恐怖すら感じずにはおられなかったのですが、漆黒部分に点々と明かりがともっているのを認めたときに、はっきりと眼下に広がっているのが多島海だと認識しました。

　それは思わず声を上げたくなってしまうほどの絶景で、入り組んだ形の島が延々と続いているというか、それとも内陸深くまで海が好き勝手な形で侵入してきていると表現した方がよいのか、ともかくそんなにもすごい光景を見ているのがパイロットと私だけだと思うと、かなり得した気分でした。

　おそらく北欧かどこかの上空だったのでしょう、AF293便に乗るならば、絶対に窓際をとって絶景すぎる多島海を眺めおろすことを強く推奨いたします。だって

あんな光景は、パイロットか宇宙飛行士しか見られないのですから。

そうこうするうちに飛行機が高度を下げていって、一面の畑や牧草地に突っ込んでいったかと思うと、いきなり飛行場が現われて着陸しました。予定時間を大幅に縮めて、まだ午前3時のシャルルドゴール空港から、フランス旅行の始まりです。

久しぶりのフランス

シャルルドゴール空港に降り立ったのは、初めてです。これまで何度も訪問しているフランス国ですが、いずれも陸路からの入国だったので、そもそもフランスの空港自体が初めて見るものなのです。

まず入国審査ですが、最初に並んだのがユーロ圏の人たちの窓口だったので改めて別な列に並び直しましたが、あの表記はわかりにくいですね。まあ日本人なら、長い方の列に並べば、ほぼ間違いないと思います。

愛想笑いをしてもしなくてもよいのですが、とりあえず「ボンジュール」と挨拶して係官にパスポートを出します。

この際のボンジュールですが、日本語式に発音しては通じません。ボンはくちびるを破裂させて出した音を半開きにした口中で反響させる感じ、ジューは食い

しばった歯の内側で音をこもらせ、最後のルはベロの先を上に巻きながら、然も息を吐き出しながらウと言ってみましょう。多分これで、だいぶフランス語らしくなるはずです。

　別にむずかしいことを聞かれることもなく、スタンプを押してくれましたが、みんながみんな簡単に入国できるわけでもなさそうなのは、周囲をそれとなく観察していればわかります。

　預かったパスポートに問題があるのか、それとも入国しようとしている人物が問題なのか、上司を呼んで判断を仰いだりしているケースも散見されて、改めて悪いことをしてこなくてよかったと思ったりもするのです。

　次に税関での荷物検査ですが、ターンテーブルで飛行機に預けたスーツケースが出てくるのを待っている人たちを尻目に、優越感を持って先に進みます。これが手荷物を機内持ち込みにする最大のメリットで、当然ながら時間の節約にもなるのです。

　さして長くない旅行で、大きなスーツケースを用意する人がいますが、機内持ち込み用サイズにしておいた方が楽ですよ。旅行中にお土産なんかでいっぱいになって、帰りは持ち込みに出来なくなったらそれでもよいのです。なにしろ日本に帰国するのですから、空港で多少の時間がかかってもかまわないのです。

　ところが外国への入国時は、次の予定によっては忙しいときもあり、機内持ち込みにするメリットは計り知れないものがあるのです。

　エールフランスの場合、小さなバッグかノートパソコン一台の他に、20キロ以内で規定体積を越えないスーツケース一個が持ち込めることになっています。この規定は各航空会社によっても違いますし、ファーストクラスや外交官ルートでは特別な優遇措置もありますので、個別におたずねください。

　税関検査は、あっけないほどに簡単で、バッグの口も開けずにオーケーでした。ここまでの所要時間が30分もかかっていないので、6時のバスまで時間をつぶします。

　ところが早朝ということもあってか、あまりお店が開いていないのです。それでなくとも、羽田ほど充実していない施設では、時間のつぶしようもないのです。だから早すぎるのはわかっていましたが、バス乗り場に向かいました。

　空港からパリまでの交通手段は、電車、バス、タクシーといろいろあります。バスもまたいくつかの行き先があって、自分で都合のよいのを選ぶのですが、私はノルマンディ地方に行く列車が発着するサンラザール駅近く、オペラ座行きのロワシーバスにしました。

　切符売りも自動化されていて、機械相手に買うので

すが、フランス語表示なので苦労するかも知れません。でも誰かがやるのを横から見ていると、何となくわかりますからやってみてください。

　ちなみに外国を訪問するときに、入国してから両替するつもりで、現地通貨をまったく持たずに来る人もいますが、それはいただけません。だって両替する前に、お金を使う場面が出てきたら困るでしょう。だから日本国内で、1万円分くらいはユーロに換えておいた方がいいでしょう。

　日本国内での両替は、決まったパックになっている場合と、紙幣の額面が選べる場合がありますが、パックで100ユーロなんかいっぱいもらっても困りますよ。

　我が国換算で一万三千円札くらいの値ですから、カフェなんかで出してもいやがられるだけです。だから5と10と20を数枚、あとは50ユーロにしてもらいましょう。

　私はこちらで使うつもりの費用のほとんどを交換済みだったので、両替の煩わしさもなく、切符を買って外で待ちました。

　さまざまな行き先のバスがひっきりなしに出ていく中で、少なからず不安になった私の前にようやく来たロワシーバスが、なんと大きな連結バスでした。

　そのバスがまた、飛ばす飛ばす。決して広くはない道路を、いっぱいの車の間をすり抜けるようにして走って行く大型連結バスはむしろ快感ですが、あれも近頃

はやりの強盗対策だったのでしょうか。パリ市内に入り、車窓からでも治安が悪そうな雰囲気が感じられる北駅をかすめ、バスはオペラ座の裏に着きました。

　さて、ここからです。タクシーに乗るか、歩いて行くかが問題なのです。安全なのは断然タクシーですが、ドライバーにイヤミを言われそうに近いのがわかっていたので、意を決して歩くことにしました。

　早朝のパリですから、夜ほど怖くないものの、それでもあちこちに危なげな人がいないわけでもありません。そんな町を、ほとんど小走りのように走り抜けていく途中、きれいに飾り付けをしているデパートがありました。それが有名なギャラリーラファイエットで、あとでベレー帽を買いに訪問することになります。

　駅構内に入ってしまえばひと安心といきたいところですが、こちらにも通勤や旅行客に紛れて、列車に乗る様子もない人がいたりして要警戒だったのです。

　ようやく探し当てた窓口で、パスポートとフランスレイルパスを出すと、係員がバリデーションという所定の手続きをしてくれました。

　これは前述したとおりに、パスを有効化することで、大きな窓口の係員なら精通していますが、あまり小規模な駅では間違われてしまうかも知れません。

　今日の日付と一ヶ月後の最終の日付、そしてスタンプを押してくれた係員が、どこまで行くのか聞くので

す。そこで「ベルノン」と答えると、そんな近距離で
はもったいないくらいの顔つきを見せるので、あわて
てその後でルーアン経由でルアーブルまで行くと伝え
ると、ようやく納得した顔つきになりましたが、あそ
こらへんの仏蘭西人の感覚は好きです。だってアメリ
カなんかじゃ、事務的に処理するだけで、相手の立場
なんて考えもしないですからね。

　電光掲示板は、到着と出発に分かれていて最初は混
乱しましたが、結局日本で調べていった通りの急行列
車に乗りました。割と混雑している2等を横目に、す
いている1等席に座れば気分は爽快、さあ、フランス
の旅が始まります。

モネの庭は大混雑

　ベルノン（ジベルニー）という駅には、コインロッ
カーなんてないのです。これ以後のどの駅でも、コイ
ンロッカーが見つけられなかったのですが、だから想定
外のキャリーケースを引っ張っての見学になりました。

　ほとんどがパリからの日帰り観光で、身軽な人たち
ばかりの中で、旅行用ケースを転がしているのは私ひ
とりですが、そんな人目を気にするようじゃ旅は楽し
めません。

　むしろ平然と歩きましたが、正直こたえました。石

畳や砂利道をキャリーケースを引っ張って歩くのはけっこう大変なのですが、それよりもヤワなキャスターが壊れてしまわないかも心配だったのです。

　列車が到着するのに合わせてバスが出ますから、極端にのんびりしていない限りはジベルニーまで行けます。バス停から砂利道をかなり歩いて、ようやくモネの家に到着したのですが、ここまででげんなりしてしまいました。中国系韓国系観光客が観光バスで大挙押し寄せてきていて、ここはいったいどこなのだという感じなのです。

　もとより人影もまばらなひっそりとした状況は望んではいませんでしたが、それでもここまでの混雑は予想をはるかに超えたものでした。

　個人客用の窓口で切符を買って庭に入れば、雑踏と大声指示記念写真の渦で、とてもモネの昔に思いをはせるどころではありません。わかりにくいアンダーパスを通って池に行けば、こちらも渋滞の渦で、なんだかいやになってしまいました。

　四国で見たモネの庭の方が、よっぽど情緒があってよかったと思いました。だから長蛇の列で待っているモネの家は見ずに帰ってきてしまいましたが、あれで正解だったのでしょう。

　今回の旅行で最大級の楽しみにしていたモネの庭は、なんだか中途半端なうれしさで終わってしまいました

が、まだエトルタもオンフルールも残っています。そんな風に気持ちを切り替えて駅まで戻ってきましたが、そのいずれも不可抗力で訪れることが出来なくなるとは、この時の私は想像だにしていなかったのです。

　列車が着くタイミングで駅から出るバスですが、ジベルニーから駅に戻るのは少ないですから、到着時に帰りの時刻を確かめておくことをお勧めします。そうでないと、悲惨なことになるでしょうから。

　駅近くで大きなサンドイッチを、それもなにをとち狂ったかふたつも買ってしまった私は、みんながパリの方に帰るのをよそ目に、さらにノルマンディに向かって列車の人となったのでした。

ルーアンの大聖堂

　ベルノンからの急行でうとうとしていたら、ルーアンに着きました。ここはモネの連作で有名な大聖堂がある町で、時間があったら寄りたいと思っていたところです。時刻表を見ると、ルアーブル行きは20分後と2時間後にあるので、迷わず町に繰り出しました。もちろん、キャリーケースを転がしてです。

　坂道をだらだらと下っていくと、大聖堂がありましたが、どうもイメージと違うのです。ここの教会は両側に高くふたつの尖塔をそびえ立たせていますが、絵

の中にはそんな尖塔は出てこなかった気がするのです。それでもルーアンの大聖堂には違いなく、しばし中に入って休息しました。

　若い頃の旅行では、キリスト教会の中に入ることに何となく抵抗があって、数えるほどしか礼拝堂までは入らなかったのですが、この年になるとそんな妙な抵抗感はなくなります。だから素直な気持ちで、涼しい礼拝堂で時間を過ごしました。

　こけおどしにすごい装飾とか飾り窓なども多い中で、この教会は控えめでいながらそれとなく主張しているみたいで、好感が持てました。そんな小さな感動を覚えながらも、心配なのはどこにトイレがあるかです。

　フランスの町歩きで、もっとも気をつかうのがトイレのあり場所で、常にそのために気を配っている必要があります。もちろんカフェに入ればよいのですが、そんなにたくさんのコーヒーは飲めません。それにトイレを使うのに、毎回500円のコーヒー代はもったいないでしょう。

　だから以前はその形状からエスカルゴと俗称された公衆トイレが、どこにあるかを常に見極めるのは大切な作業なのです。その時に使わなくても、帰り道で入りたくなるかも知れませんから、尿意を催すずっと以前から探しておいた方がよいのです。

　ちなみに最新式の公衆トイレには、便座がありませ

ん。あの下側の部分だけが露出していて、ちょっとびっくりしますが、不潔ではないのです。用を足し終わると自動的に裏側に収まって洗浄消毒、乾燥までしますから、従来のタイプよりもむしろ衛生的なのです。

　幸いなことに、教会のすぐ前に公衆トイレがあって助かりました。用を足したらすっきり、頭もすっきりしたところでよく見ると、やはり正面はあの絵に描かれていたとおりのデザインでした。

　モネの連作では、時間帯によって光の当たり具合の違うファサードを、同じ図柄で何枚も書いているのですが、まさにその現場に自分がいるのです。

　モネがこの場所に立って、カンバスに向かって絵の具を塗りたくっていたのです。印象派の巨匠といわれるモネと、同じ場所に立っているのです。これが感激でなくてなんでしょうか、私はモネの庭に立ったときの何十倍もの感動に打たれてしびれました。

　後日、ルーアンの大聖堂を描いた連作に会いましたが、やはり想像通りに両側の尖塔を省略していたのであって、思い違いをしたまま帰ってこなくてよかったです。

　帰りはだらだら坂の上りですから、ゆっくりと駅まで帰ると、ガランガランと教会の鐘が3時を告げています。

　そこでパン屋さんで、丸いサンドイッチを頼むと、

何かの機械に挟んでいるではありませんか。どうなるのかとみていたら、上下をワッフルみたいに焼いたサンドイッチが出てきました。皮はぱりっとして、中には具がいっぱい挟まっていて、これがまたうまいのです。こんなうまいサンドイッチを食べているのが、SNCFの一等車ですから、ご機嫌でないはずがないでしょう。

　シニアのみなさんは、ヨーロッパを旅行するとき、奮発して一等車のパスにしましょう。だってそんなところで少しばかりの贅沢をせずに、どこでするんですか。

　私も含めて、あと何年生きられるのかわからないのだし、今までこれといった贅沢をせずに質素に暮らしてきたから今があるのであって、フランス鉄道の一等車に乗ったからってバチは当たりますまい。

歩くということ

　旅行一日目から、かなりの距離を歩く羽目になりましたが、歩けなくなったら旅の楽しみも半減するのではないでしょうか。そして年をとったら、積極的に歩行能力のキープに努めたほうがよいのではないでしょうか。

　私の場合、歩くパワーを保つために多少の努力はしています。おかげでかなりの長距離も歩き通せたのでして、参考になるかどうかわかりませんが、私の訓練法を披露させてもらいます。

　目覚めの布団の中から、一日の運動が始まります。まず横向きになっての両足あげ、そして同じ向きのままでの腰浮かせで、いっぺんに体側の筋肉を鍛えます。

　それから仰向けになり、思い切り腰を上に突き上げます。両膝を直角に曲げ、肩で支えた体を弓なりに反らせるのですが、この時には背中側の筋肉を総動員する気持ちで突っ張るのです。

　この仰向き腰そらせ運動は、腰痛対策ですから、腰痛持ちでない人は省略してください。

　疲れたら今度は反対に、両足を直角に曲げて、背中が布団から離れる程度の腹筋運動ですが、苦しい人は頭を両手で支えるようにするといくらか楽です。

　両足とも太ももがが直角になるくらいにあげて、片足を伸ばすと同時に上体をひねると効果的ですが、決して無理をしないようにお願いしておきます。これも疲れたらやめて、腰痛持ちならまた腰そらせに戻るの繰り返しです。

　これだけでも、かなりの運動になりますが、これらをいきなりやるのではなく、目覚めたらまず足首と手首を回し、ふくらはぎを伸ばすことを忘れてはなりません。でないと、こむら返りで痛い目にあいますよ。

　ついでに骨盤矯正までしたいならば、片方のかかとを思い切り伸ばします。すると骨盤が斜めになって、腰骨の付け根あたりがなにやら痛気持ちいいみたいな感じなのですが、これでちゃんとどこかが矯正できているかどうかはわかりません。

　ついでに就寝間際の運動も追加しておきますと、足先まで滞留している血液を心臓に戻してやるのがいいと思います。布団に入って両足を出し、近くのタンスやふすまに高く上げたかかとを預けるのです。こうすると足の方にたまっていた血液が、心臓に向かって逆流してくるのが実感出来るでしょう。

　足も軽くなって、心なしか鼓動も元気に早まる感じですが、それが逆効果になる人もいることでしょうから、心臓麻痺が心配な人は医師と相談の上で実施してください。

　日中の活動中も、鍛錬は出来ます。座っているときにはかかと浮かしでふくらはぎ鍛え、立っているときはこれに加えて、つま先上げをミックスさせます。これらは他人の目があるところでも実践出来るので、思い立ったら実行するとよいと思います。

　ひとりで部屋にいるときには、もう少しきつい訓練ができます。基本となるのは、蹲踞姿勢からの深くゆっくりとしたスクワットです。巷で流行しているのは、つま先を前に向けてのリズミカルなスクワットですが、あれは反動を利用しているので効果が薄く、しかも腰痛を促進してしまうのでシニアにはお勧めできません。

もうひとつはまっすぐ立ってのかかと浮かし後ろ足上げで、これは片方の足を後ろ斜めに伸ばすだけですが、体幹、臀筋、太もも、ふくらはぎの筋肉が鍛えられているのがよくわかるでしょう。

　片足後ろ上げは、家事の合間にもできます。たとえば食器洗いやシャツ襟首の手洗いの時など、思い立ったら足を後ろに伸ばすのです。バランスが取りにくい人は、かかとを床についてもよろしいのでして、いずれでもかなり効果的です。

　あまり話題になりませんが、階段を上るときに一番使われるのは、おしりの筋肉ではないかと思うのです。かなり足腰が弱った人でも、平坦路で前に進むのは出来ても、階段が上がれないのは臀筋が衰えているからではないでしょうか。みなさんも階段を上がるとき、おしりに手を当ててみれば、いかに臀筋が働いているかわかると思いますが、くれぐれも他人のおしりで確認しないこと。

　もっと鍛えたいのであれば、何かで体を支えておいて、足を前後左右に上げることを推奨します。もも上げをした足を地面と水平に前に伸ばしてキープ、戻して横に伸ばしてキープ、そして後ろに伸ばすという繰り返しで、左右を交互にやります。

　この際に地面に対して水平というのが基準になりますが、そんなに上がらない人は無理をしなくてもよいのです。今の状態から退化しなければよいのであって、今更筋力アップをしようとしてもむずかしいのです。だから無理をせず、思い出した時に実行するようにすれば、少なくとも足腰力は衰えずにいつまでも歩けるのではないでしょうか。

　ただこれは、私が実践している訓練法というだけであって、

みなさんの歩行能力キープを保証するものではありませんから、誤解のないようにお願いします。

　そんなにきつい運動は無理だという人は、せめて室内を移動するときだけでも大股歩きにしてみましょう。知らぬ間にすり足移動になっているのを、ちゃんと足を上げて普段よりも一歩前に下ろすだけでも、バランス感覚や下半身の鍛錬になります。これは外でのお散歩にも応用できて、いつもより大股で歩くだけでもかなりの運動になりますが、動悸息切れがあったらすぐに休んでください。

　こんな風に書き進んできましたが、自分の足で歩けない人は海外に行くなとは申しておりません。現実に車いすで楽しげに旅行している人は少なくないですし、飛行機搭乗などでも特別の配慮がなされているようです。

　ただ行動が制限されるのは仕方ないことであって、それなら日本国内をのんびり回った方がよくはないかとも思うのですが、これも余計なお節介焼きでしたね。

ルアーブルは世界遺産

　記念すべき一泊目の地はルアーブルですが、それを決定づけたのはこの町が世界遺産に登録されているからです。ルアーブル駅について駅前に出ると、市電が走っているばかりでタクシーが見当たりません。そこで事前に調べていた方向に向かって、徒歩でのホテル探しに行きました。

　ここまでジベルニーで歩き、ルーアンで歩き、今またルアーブルで歩いているのですから、いったい何千歩になっているのでしょうか。

　家にいるときは、自室4階までの階段で動悸息切れを起こす私ですが、少なくとも多少の坂を含む平坦路をゆっくりとならばいくらでも歩けるとわかって、いくらか自信になりました。

　ところが見当をつけていったあたりに、ホテルのある通りがないのです。こんなことなら地図をプリントしてくるんだったと思うも後の祭り、ポリスを探すもいないので自動車の修理屋さんで道を聞きました。するとまったく反対の方を教えてくれたので、時差ボケと睡眠不足と疲れで頭をボーとさせていた私は反射的に駅の方に戻ってしまったのです。

　あとから思うと、道の2本手前で聞いたのであって、

もう少し奥まで行っていたらホテルは見つかったので
すが、自動車の修理屋さんにたずねた私が悪かったの
です。

　トイレを借りながらカフェに入り、お店でたずねる
と、親切なお客さんがホテルに電話をしてくれて場所
がわかりました。なんでも2番のバスでなんとかとい
うバス停で降りるとすぐだとのことで、お礼を言って
出てきましたが、駅まで来ても2番のバスなんか走っ
ていないのです。

　現代的でスマートな市電は走っていますが、バスが
見つからないので駅の横に回ると、そこにタクシーが
隠れていました。ホッとすると同時に、長距離バスの
発着場もあったので確かめます。

　エトルタ行きが確かにあるので安心、タクシーでホ
テルに向かいました。料金は8ユーロですから、ケチ
らずに最初から乗っていればよかったし、本当に歩い
て探した道から2本しか違っていなかったので、これ
からは最初のホテルにはタクシーで行こうと決めたの
でした。

　日本からの予約が通じているのか、一抹の不安を感
じながらチェックインすると、ちゃんと部屋が取れて
いてひと安心。さまざまな注意を聞き流して部屋に入
りましたが、聞き流してはいけないこともあったのが
あとでわかります。

部屋にはエアコンが設置されていて、いろいろと操作したのですが、結局わかりませんでした。だからそのままにしておいて、町の散策に出かけます。

　通りに出るとすぐに2番バスが来て、切符を買って前の席に座ります。終点まで行けば下りるように教えてくれるだろうとの甘い考えは通用せず、なんとバスは海辺の折り返し場まで行ってしまいました。そして運ちゃんが、ここでは扉が開けられないなどのたまうのです。

　私はこんなピンチには何度も遭遇していますから、少しもあわてずに納得します。そのうち帰り便になるはずだから、改めて切符を買えばよいだけのこと、そう思っているとドアを開けてくれました。

　外に出て町を歩くと、想像していたのとは違って、かなり現代的なのです。それもそのはず、ルアーブルは先の大戦で町の大半が破壊され、その後の復旧計画でみごとによみがえった町づくりが評価されての世界遺産であって、オンフルールのように昔の町並みがそのまま残っているわけではなかったのです。

　だからそれなりに整った町なのですが、おもしろみという点では大いに欠けるものがあります。私は駅に向かって歩きましたが、ドッグとかいうショッピングセンターに寄り道している間に道に迷いました。

　駅に行きたいのに、駅がわからないのです。やみく

もに歩いているうちに、ようやく線路に突き当たり、そこをたどって見覚えのあるバス発着場に戻れましたが、いやはや今日一日の歩いたこと歩いたこと。今までの人生を振り返っても、こんなに歩いたことは記憶にありません。

　駅前のレストランに入ってビフテキを頼むと、でかいし固いし、ポテトは山盛りだしで、とても食べきれませんでした。そしてわかってしまえば使い勝手のよい市電に乗ってホテルに帰りましたが、前まで行って気づきました。夜は玄関ドアがロックされるから、このナンバーで解錠して入るように言われていたことを。そしてそのナンバーは、部屋に置いてきた書類に書かれていたことを。

　さあ、ビールの酔いが一気に醒めました。このままでは、野宿になってしまうではありませんか。そこで映画みたいに、道から窓に声をかけようとするのですが、いったいフランス語で何と言ったらよいのでしょう。

　そんな風に逡巡すること数十分、うまい具合に泊まり客が戻ってきたのでいっしょに滑り込みましたが、なんと劇的なフランス第一日目だったのでしょう。

　これであとは寝るだけと思っていたのに、更なる悲劇が部屋で待ち構えていました。部屋を出る前にさんざんいじくり回しても、ウンともスンともいわなかった空調機が暖房に入っているのです。だから部屋の温

度は32度にもなっていて、とてもじゃないけど眠るところではありません。

　空調機のプラグを抜いてとりあえずは止めましたが、部屋の温度はすぐには下がらず、私は最後の手段に出ました。幸いなことに広いベランダつきの部屋には掃き出し窓があったので、ベッド枠を壁に立てかけ、おろしたマットレスを床に直に敷いて、上半身をベランダまで突き出すような体勢にしたのです。

　これは快適で、私はすぐに安らかな寝息を立てて眠りに落ちていきました。真夜中にふと目覚めると、思いがけずに素晴らしい景色が広がっていました。頭を外に出して寝ているのだから、当然といえば当然なのですが、きれいな星空がダイナミックに展開していたのです。

　ある程度の都市ですから、天の川まではははっきりしませんでしたが、それでも立川の家から見る十倍ほどの星々がきらめいていて、幸せな気分になりました。こんなことはモンゴルの草原に布団を敷いて寝たとき以来で、あのときの家族はみんな元気でいるでしょうか。

最初のつまずきは農民デモ

　何気なしにテレビをつけると、道路いっぱいにスイカやトマトをぶちまけて、農民らしき人たちが怪気炎

をあげています。農産物を投げるだけでなく、道路に積んだタイヤを燃やしたりして、完全に道を通れなくしているのです。テレビでしゃべっている言葉はわからなくとも、映像を見ればなにが起こっているかは一目瞭然です。

　フランスでは大がかりなデモが頻発しているのは知っていましたし、これだけの騒動になっているのだから、きっとそれなりの理由があるのだろうと心情的には農民側を応援する気持ちだったのです。それがかなりの大ニュースになっているのですが、私には関係ないことだと思っていたら、大いに関係があったのです。

　長距離バスの発着所でエトルタ行きのバスを待ちましたが、時間になってもこないのです。仕方なく次善策のオンフルール行きに変更して、そちらのバス停に行きました。オンフルール行きは何人もが待っていて、安心していましたが、やはり時間になってもバスが来ないのです。

　そのうちに待っていた人たちの間で、動揺が広がっていったので、私も不安になりました。みんなが情報を共有する中で、私だけがなにも分からずに取り残された形でしたが、親切な人はいるものです。

　片言の日本語をしゃべる女性が話しかけてくれて、彼女によるとノルマンディ中の道路が農民デモで封鎖されているので、オンフルール行きも今日は来ないと

いうのです。

　さあ大変、オンフルール経由でカン泊まりの計画ですから、バスが来なければ困ってしまいます。今日から始まったデモは何日続くかわからないともいってましたから、もうバス便は当てになりません。

　そうなれば列車で迂回して行くしかないのですが、予約の段階でルアーブル泊まりにしておいて本当によかったと思いました。だって最初の予定では、1日目にバスでオンフルールまで走って泊まるつもりでいたのですから、もしもそうしていたらどこにも出られない事態に陥っていたわけで、ラッキーだったとしかいいようがありません。

　すぐに駅窓口に行って、ルーアン経由でカンまでの切符を買いました。片言日本語お嬢が、すぐ後ろにいて、困ったら助けますと言ってくれましたが、これくらいのフランス語は出来るのです。

　その時の横長の切符が手元に残っていますが、10時02分ルアーブル発、10時56分ルーアンリブゴーシュ駅着で、乗り継ぎの列車は12時04分発ですから、また1時間ほどの余裕がルーアンで生じたわけです。

　この運賃が38ユーロで、決して安くないのですが、あえてパスを使わずに現金で支払ったについては、翌日訪問予定のシェルブール立ち寄りポントルソン行きの方が行程がずっと長いからです。

　ルーアン駅を出てすぐ、寿司屋がありました。私の感覚からすると、これが寿司かと思われるような見本写真があって、ものは試しに食べてみたかったのですが店が開いていませんでした。だからお昼は、カン到着までお預けにしました。さて、次なる町ではどんな荒波が待ち受けていることでしょうか。

古城のたたずまいが素敵

　カン駅からすぐにタクシーに乗って、ひとまずホテルに行きました。私もそれなりに、学習しているのです。今回の部屋は表通りには面していないで、なにやら怪しげな裏庭が見えるのですが、囲いの中では大麻草がいっぱい栽培されているのでして、大丈夫でしょうか。

　最初のページから一気にここまで、私の書き方で走ってきましたが、この文体は読みやすいですか。となりにいる人に語りかけるような、あるいは平明な語り口の中に充分な情報をちりばめるような、そんな文体を心がけているのですが、中にはいささか食傷気味の方もおいででしょう。

　そこで趣を変えて、某出版社のガイドブックの一部を転載してみます。カンという町の特徴が、この引用文でつかめるとよいのですが。

●アクセス

　国鉄、パリサンラザール駅から直通またはシェルブール行き
でカン駅下車、約1時間45分。一日10本以上

　バス、バイユーから約1時間、トゥルーヴィル・ドーヴィル
から約1時間30分、オンフルールから約1時間。ルアーブルか
ら約1時間30分。

　車、パリから高速道路A13で約240キロ。

●町のしくみ

　町の歴史は、ノルマンディ公ウィリアム（仏名ギヨーム）征
服王が城を築いた11世紀にさかのぼる。20世紀初めには、近
郊の鉄鉱脈を利用した重工業のおかげで産業都市として栄える
ようになった。第二次世界大戦で町の大半が破壊されてしまっ
たが、10年後には早くも元通りに再建されている。現在のカン
は、カルヴァドス県の県庁所在地であると同時に、ノルマン
ディ西部における経済・文化の中心都市である。

　カンの町は比較的わかりやすいが、なにしろ広い。健脚なら
徒歩でも回れるが、バスやトラムを利用する場合は、駅から町
の中心のサン・ピエール広場まではトラムA、Bで約5分で行け
る。ここから東へ徒歩15分のところに女子修道院が、西へ徒歩
15分のところに男子修道院がある。広場と両修道院の間の小道
には、ブティックやレストランが並んでいるので、寄り道をし
ながらのんびり歩いていくのも楽しいだろう。天候がよければ、
市営レンタサイクルを利用してもよい。

●男子修道院とサン・テチエンヌ教会

　ウィリアム征服王と王妃マチルドはいとこ同士で結婚したため、親族結婚を禁じていたローマ法王によって破門されてしまった。2人は謝罪のために男子修道院と女子修道院を建て、これをカトリック教会に寄進した。男子修道院は1066年から12年間を費やして建設され、現在は市庁舎として利用されている。

　付属するサン・テチエンヌ教会は、11世紀に建設が始まり、13世紀にゴシック様式の尖塔と内陣が増設された。ノルマン・ロマネスク様式の傑作と目されている。

●女子修道院とトリニテ教会

　1060〜1080年、ウィリアム征服王の王妃マチルドによって創建された。ベネディクト派の修道院だったが、現在は地方議会が置かれている。12世紀に彫刻された柱頭や、食事の前に手を洗うための大理石造りの洗面所などを鑑賞したい。

　隣接するトリニテ教会は、ロマネスク様式の代表作。建設当時の木組みの天井は、12世紀に六分交差ヴォールト（アーチを使った曲面天井の一種）に再建されている。内陣の中央には、1083年になくなったマチルドの墓がある。

●カン平和記念館

　かつてナチス・ドイツ軍リヒター中将の司令部があった場所。現在は、戦争と平和を検証するための記念館として一般公開されている。広場の13枚の石盤には、第一次世界大戦から今日ま

での平和宣言が刻まれている。

　オーディオや展示資料が充実していて、ノルマンディ上陸作戦決行日「D-DAY」にドイツ軍と連合軍双方で撮られた記録映像などが興味深い。ここから、映画『史上最大の作戦』で知られる同作戦ゆかりの地を訪れるガイド付きツアーも出ている。（10〜12月は毎日午後1回、5〜9月は午前と午後計2回出発。所要4〜5時間。要予約。76ユーロ、入場料込み）

　これらの記述の中に、いくつかの写真と地図が配置され、その後にもレストランやホテルの紹介が続くのですが、この著者ははたして本当にこの地を訪れて、自分の目で確かめたのだろうかという疑念を振り払うことがどうしても私には出来ないのです。

　この抜粋はB社の「W歩きフランス」からのものですが、その証拠としてあげられるのは、カンの町の最大の特徴であり観光の目玉でもある旧城塞にまったく触れていないからです。

　なにをおいても誰もが真っ先に訪れるはずの堂々とした城を語らずに、修道院などの説明に終始しているのがおかしいし、とってつけたような町の情景描写にも生気がこもっていません。

　まあ、この大手出版社の本は、ずっと以前からこんな傾向があったのですが、もうそろそろ、本当にその地を訪れた人に記事を書かせるようにした方がよいの

ではないでしょうか。もしもこのページを担当した人が、カンを訪問していたとしたら謝りますが、それにしても町の中心にどっしりと構える城塞についての記述がないことは大いなる疑問として残ります。

　それに比べると、O社発行の「新個人旅行フランス」は文面に臨場感があるようです。最初に城を紹介して見晴らしのよいことを記述しているし、名物料理を勧めたりもしているからですが、もしもこれで何冊かのガイドブックを読んで空想で書いているとしたら、私の眼力を疑うよりも、書いた人の想像力を褒めてあげて欲しい。

　もっと売れている『地球の歩き方』というガイドブックもあるのですが、私は参考にしないことにしているので割愛しました。

　午後の町に出ると、早速に迷いました。ホテルで地図はもらっていたのですが、まったく自分のいる場所がわからないのでして、いつもの方向音痴の面目躍如といったところです。

　それでも最大の見所である、古城にたどり着きました。我が国の城とは趣が違って、カーブを連続させて積み上げられた石垣そのものがお城といった風情でした。

　そして石垣の上から見る景色のすばらしさに、私は圧倒されました。すぐ眼前に古びてはいるけれど威厳を感じさせる教会があり、中に木の柱が埋まっている

外壁を見せた家が並んでいます。天国もかくやと思われるそよ吹く風の心地よさにも感動した私は、不意に尿意を催して下界へと戻っていったのでした。

　歩行者優先道路の両側にはお店が並び、カフェは歩道にまでテーブルを出していて、とても平和な光景です。

　ここで私は、小銭入れを買いました。旅行出発前から買おうと思っていたもので、紫色にオレンジのポイントのある小銭入れが気に入りましたが、中国製でした。こんなところまで、メイドインチャイナが食い込んでいるのですね。

　カフェに座って、コーヒーを頼むかビールにするかで迷いましたが、どちらを選んだかはもうおわかりですよね。

　店内では、いわゆる宝くじを売っていて、その場で削って当たり外れのわかるやつもありましたが、トライはしませんでした。こんなところが、大人になったなあと自分で思います。

　以前に南米のどこかで、確かに高額当選した当たりくじを、なんだかんだ言われて百分の一くらいの値段で強制的にくじ売り場オヤジに引き取られてしまったことがありましたが、よくわからないくじは買うものではないという教訓となって身にしみました。

　古びた教会の下で小さなメリーゴーラウンドが動いている広場から、放射状に道が走っているのですが、

一本方向を間違ったからさあ大変。さらに迷子になって町をさまよっている間に、夜になってしまいました。

　ようやくたどり着いたホテルのとなりにレストランバーがあり、路上のテーブルについてビール、それからメニューを検討します。美味しそうな料理名が並んでいるので、魚料理を頼むと、出来ないというのです。なんとか説明していましたが、面倒なのでなんでもよいから食べられるものをと頼みました。

　出されたのは半分ほどのバゲットとハム、それにナイフが一本だけです。いわゆるフランス式のハムサンドで、仕方なく食べたのですが、この夜の食事は後々までたたりを残すこととなりました。

　バゲットは皮がものすごく固くて、食べるのに苦労するのですが、この時の食事で上あごの内側、つまり口蓋という部分を痛めてしまったのです。固い皮が何度も口蓋に当たって、傷がついてしまったらしく、それ以後は熱いものも固いものも食べにくくて困ってしまいました。

　年配の人はバゲットを直接噛まないで、ビールやワインなどに浸しておいて、びちゃびちゃにしてから口に運ぶことを提案させてもらいましょう。もちろんシャンパンでもミルクでもコーヒーでもかまいませんが、周囲の視線にとまどう必要はありません。多少はひんしゅくの目で見られても、口の中を傷つけてあとの食

事の楽しみを大いに減衰されることを考えればへのかっぱです。

　あいにくと私はこの一件のせいで、フランス最後の日までダイナミックに食事が出来なかったのでして、そればかりは心残りでした。

　翌朝はパン屋さんでやわらかなサンドイッチを買いましたが、店主の言う値段が聞き取れないのです。だから仕方なくコインを手のひらにのせて料金分だけとってもらいましたが、こんなことはフラン流通ではなかったことです。

　アンフラン、トワフランなどのあとにサンチームが続くのですが、よっぽどでなければ聞き取れたのに、ユーロだとものすごくわかりにくいのです。フランス語独特のリエゾンとかで発音がぐちゃぐちゃになったように感じるのか、とにかく値段を言われて何度も聞き返すことが今回の旅行では多かった気がします。

　部屋でゆっくりと朝食をとり、毎朝の習慣通りにまったりと排便すれば心配事はありません。荷物をまとめてチェックアウトすると、ここでは料金はもうもらっていると言われました。同じ会社を使って日本国内で予約したのに、ネットで決済をするところと、現地で支払うホテルとに分かれるようで、手続き段階でちゃんとチェックをした方がよさそうです。

　バスを乗り継いで駅まで行けば、あとはシェルブー

ルを目指すだけです。きれいだったドヌーブの笑顔と
共に、さまざまな名場面が目に浮かんできますが、ど
れほど昔のままで残っていることでしょうか。

シェルブールの雨傘

　ミュージカル仕立ての映画でしたが、よかったです
ね。カトリーヌ・ドヌーブが一番きれいな時期で、ま
ぶしいほどの輝きを放っていました。つい最近も見た
影響もあって、かの地はどうしても訪れたいと旅行計
画の初期段階から強く思っていたのです。
　カンからの列車は、平和な農村風景の中をひた走り
ます。なだらかな丘が地平まで続く風景は、まだ行っ
たことはないけれど、富良野を思い出させます。束ね
られた牧草が点々と置かれ、馬や牛、羊などが視界を
流れ去っていきます。
　そんな牧歌的な風景に、唐突に現われるのが風力発
電の大きな風車ですが、それすら違和感なく自然の中
に溶け込んでいるのでして、さすがフランスですね。
　ふと目を空に転ずれば、大変な光景が展開していま
した。古い飛行機雲が不確かな直線を見せて何本も空
に残れば、新しい飛行機雲がほんのわずか本機の後ろ
で消えたあとに現われてまっすぐに伸びていきます。
それがみごとに直角を描いて、真っ青な空で交差する

のです。あんな光景を見られただけでも、今回の旅は
ハッピーでした。

　シェルブールは、みごとに現代的になっていました。
恋人ギイが出征する場面で、離れがたい想いで抱き合っ
た駅の待合室もモダンになっていましたし、列車が出
ていったあとに残される味のある駅名看板も、プラス
チックか何かの看板に統一されていました。

　駅舎を出れば、割とにぎやかな町で、車が激しく行
き交っています。海から深く切れ込んだ港にも、妊娠
したフランソワが宝石商の男に慰められて歩く雰囲気
は残ってはいないし、カモメが誰かが投げたパンをつ
いばむばかり。

　それでも石畳の小路が残る町中に入ると、それなり
のムードはあって、ゆっくりと散策すればいい町では
ないかと思いました。売り家の壁にいっぱい雨傘が貼
り付けられていて、まるで映画へのオマージュのよう
にも見えました。

　ふたたび列車の人となった私は、リゾン乗り換えで
クウタンスという町で降り立ちました。ここは終点で
も乗換駅でもないのですが、車窓から見える町のたた
ずまいが気に入ったのです。こんな風に気ままに乗り
降りできるのが、フランスパスのよいところですね。

　坂を上がって教会までたどり着けば、そこにもまた
フランスの田舎町といった風情があふれています。ちょ

うどお昼時だったので、とあるレストランに入りました。

　今日のメニューがあちこちに張られていて、選ぶのに迷うほどです。白ワインをピッチャーで頼み、サラダとメインを楽しんでいると、となりのテーブルにガテン系の四人組が座りました。

　それとなく観察していると、彼らの食事がユニークなのです。大きなハムステーキやビフテキなどのメイン料理をミネラルウォーターで食べ終えると、ビールの大ジョッキが運ばれてきました。がっつり食べておなかいっぱいのところにビールって、どうなのだろうかと思っていると、さらにびっくり、それから大盛りのデザートが出るではありませんか。それらを当然の順序のように平らげていく彼らを見て、今更のように日本とフランスの食文化の違いを見せつけられた感がありました。

　もちろん、どっちがよいとか悪いとかではありませんが、メインのあとでのビールも、さらにその後での山盛り大甘デザートも、私は勘弁してもらいたいですね。

　それにしても、フランス人の食事風景は見ているだけでも楽しいですね。だれかと差し向かいで、あるいは何人かでおしゃべりしながら食べている光景は、こちらが一人だから余計にうらやましいものでした。

　でも、あの量の多さはどうしたものでしょう。フルコースなどはとても食べきれないほどの分量が出され

るのですが、これじゃあグルメよりもグルマンじゃありませんか。

名物オムレツを食べようかな

今日の目的地であるモンサンミシェルには、ポントルソンという鉄道駅が一番近いことまでは調べましたが、そこからのバス便がどの程度あるかわかりません。それが心配の種だったのですが、それもまた杞憂だったのです。

列車が着いて何人かの旅人が所在なげにしているところに、モンサンミシェル行きのバスが滑り込んできました。どうやらピストン運転をしているみたいで、これから計画する人は、ポントルソンから入る方法も検討するとよいと思います。

バスは手前の町を突っ切り、私が宿泊するルルデュロワの前も行きすぎて、モンサンミシェルのふもとまで行ってしまいました。ホテルで休息してから、ゆっくりとご対面しようと考えていた場所まで一気に行ってしまったのですが、それだけに感激はひとしおでした。

私が行ったときは、それまでの堤防形式の道路をすべて取り払う工事が終わり、下を潮が通るような橋が一本だけになったあとでしたから、すっきりした感じでそびえ立つ城塞教会は威厳すらたたえてそこにあり

ました。

　小一時間も橋の上から眺めていた私は、ホテルに戻りましたが、ベランダからモンサンミシェルが見えて感激でした。今回の旅行中、一番高いホテルで一泊100ユーロ以上でしたが、決して高くはないと思います。しかもバスタブがあって、お風呂にも入れるではありませんか。当然私は、ゆったりした気分でお風呂に入りました。

　さっぱりして外に出れば、本当にモンサンミシェルが彼方にあります。時は7月下旬ですが、風が吹いて肌寒くすら感じられる中、シルクジャンパーを着た私は、あこがれの山を眺めながら心ゆくまで戸外でのディナーを楽しんだのでした。

　ちなみにここでもフォルミュルエキスプレス（定食）で、アントレが2種、メインが3種、デザートも3種類ありました。最初のフランス訪問の頃は、定食のことはたしか、ルムニュオージュルデュイと呼ばれてたのに、今では言い方が変わったのですね。

　ともかくここから選ぶのですが、アントレはスープかサラダくらいですから、サラダを選んでいれば間違いありません。ただでさえも野菜不足になりますから、これでよいのです。

　メインはもう少し込み入っていますが、材料名さえおさえれば怖くはありません。たいがい肉料理か魚料

理ですから、肉の種類さえ知っておけば注文できます。巻末に肉と魚の種類別フランス語を載せたいと思ったのですが、そちら方面に詳しい本なりネットなりを参考にしてください。

　料理名は材料と調理法から構成されていますが、この際調理法までは覚えなくても、それほど変なものは出ませんからご安心を。

　メニューアラカルトにはフォアグラのソテーとかオマールエビ、カエル、野ウサギの野菜づめなどの高級料理もありますが、フォルミュルに出るのはそれなりの料理ですから心配はいりません。

　デザートはアイスクリームかケーキ、タルト、シャーベット、クレープなどが出ますが、じっくり読めば何となく食べたことがあるようなスペルがありますから、それを指さして頼みましょう。想像したようなものが出てこなくても、ご愛敬です。

　それなりでいやな人は、アラカルトで注文します。ただしおかしくない取り合わせで注文しないと冷笑されますし、ワインなんかも料理に合ったものを頼まないと鼻で笑われますから、よっぽどフランス料理に精通していない人には無理かも知れません。

　中にはメイン一品だけ、あるいはデザート2種類だけ頼むなんて豪傑もいますが、やめておいた方が無難でしょう。食事を楽しむという点からも、それはほと

んど反則ですからね。日本でこそフランス料理を立って食べても抵抗がありませんが、やはり本国での食文化は尊重したいものです。

部屋に戻ってからも、何度もベランダに出てみました。目の前には広い川が流れ、その行く手にモンサンミシェルが遠望できます。これはホテルを頼むときにリクエストしたとおりの状況で、部屋によっては見えないところもあるのですから、やっぱりラッキーというしかないでしょう。

このリクエスト手紙がスペルも調べずに書いたものだから、あとから考えるとめちゃくちゃなのですが、部屋から見たいのはひとつに決まっているのだからなんとか通じたのでしょう。みなさんも日本から予約するとき、望みがあったらリクエストとして書き添えるとよいと思います。

翌朝はホテルで朝食をとり、例によって恒例の行事をとどこおりなく実行したあとで、モンサンミシェルに行きました。今日はいつものラフな格好ではなく、大天使ミカエルに敬意を表してスーツパンツに黒のネットタイですが、こんなきちっとしたスタイルの人は他にいないぞ。

ほとんど人のいない早朝なので、教会に向かう坂道をのんびりと登ります。両側に立ち並ぶ商店に荷物を届けるフォークリフトが、スリップしながら急坂を下っ

てきたりするのも、朝ならではの光景でしょう。

　年をとってなにが堪えるったって、坂道ほどきつい
ものはなく、平坦路ならどこまででも歩き通せますが、
ここの坂は何度も小休止させられました。けれども周
囲を見渡せば、確実に高度が上がっている分だけ景色
が開けて、なんとまあ素敵なのでしょう。

　潮が引いた干潟には、ガイドに連れられた浜歩きの
グループの姿が、それこそ蟻のように見えてすべるよ
うに移動していきます。はるか彼方に去った海は、そ
の先端を白く波立たせて押し寄せてくるタイミングを
計っているかのようです。

　ところどころに水たまりを残した広大な干潟が山を
ぐるりと取り巻き、海の反対側には平和そうな牧草地
が広がっていて、羊などものんびりと草を食んでいた
りするのです。町から通じる一本の橋だけが、下界と
の接点だというのがよくわかって、それすら感激せず
にいられないのです。

　もっとも、私はどちらかというと感激屋で、さらに
ここは以前から来たくてたまらない場所であるという
こともあり、こんな風に随所で震えるほどの感動を覚
えましたが、当然ながらそれほどでもないという人もい
るわけで、この風景に感激しなかったらごめんなさい。

　ようやくたどり着いた修道院は、まだ開いていませ
んでした。少しばかりの列に並んで待つこと20分、そ

こには期待した以上のものすごい景色が展開していたのであって、テラスでびっくり、礼拝堂でびっくり、回廊でびっくり、そして食堂でゆっくりしたのでした。

　広い食堂には、壁際にテーブルとベンチが配され、中央が広くあいているのですが、やはり禅に通じるものがあるのでしょうか。

　天井からは無数の鳥のモビールがつり下げられ、子どもたちが息を吹きかけて動かそうとしています。中にはいい年をしたおとなもほっぺたをふくらましていましたが、少年の心を失わない人はどこの国にもいるのですね。

　ここで小一時間休んでしまったのは、満ち潮を待っていたからです。こんなことなら、ふもとのお店で絵はがきを買ってくればよかったと思いましたが、なにもせずにのんびりと過ごす時間は貴重でした。もっとも、家にいるときもこんな時間がしょっちゅうあるのですが。

　もう一度見たいと戻った回廊を、さまざまなグループがひっきりなしに訪れる中に、我が同胞のツアーもありました。ガイドさんがみんなに説明していますから、それとなくタダ聞きをしようとすると、声がやたらに小さいのです。それもそのはず、ガイドさんは小さい携帯みたいなマイクにむかって小声で語りかけ、それをみんながイヤホンで聞いているのです。これじゃ

あ、どこの観光地でもガイドさんの説明を耳をそばだてて盗み聞きしていたこっちの商売はあがったりです。

　それでもいくらかは聞き取れて、天井が船底状に作られている、重量を軽くするために細い柱を多く使っているが、オリジナルの柱にはわずかに着色された痕跡が残っているなどくらいは聞き取ることができました。

　もう一度テラスに戻ると、潮がかなり満ちてきています。そこで売店で絵はがきを4枚買い求め、また食堂に戻って便りを書きました。余談ですが、ここから出した絵はがきが着いたのは2週間以上も後でして、フランス郵便もストをしてたのでしょうか。

　みたびテラスに出ると、潮がかなり満ちていて、山のすぐ下まで迫っていましたが、ひそかに期待していたようにぐるりと取り巻いて、それこそモンサンミシェルが海の中に孤立するような光景にまではなりませんでした。あとから考えれば、絵はがきにあるような絶景は、年に数回ある大潮の時に限られた現象であって、調べもせずに行ったって当たるはずもなかったのです。

　帰りは砦のように海に突き出した塔のいくつかを見ながら、心地よい海風に吹かれて城塞の上を歩いて戻りましたが、おなかがすいたのでレストランに入りました。

　ほぼ満席状態のレストランで席に案内され、ふと横を見ると、名物のオムレツを食べている人がいました

が、その分量を見て頼むのをやめました。なにしろ半端でなくボリュームがあるうえに、厚切りベーコンまでたっぷりと添えられているのです。

お百姓さんが丹精込めて作ってくれたご飯を残してはいけない、と言われてきたおそらく最後の世代の私は、頼んだ食事を残すことに罪悪感を感じずにはいられない人なので、別なメニューを頼みました。

あこがれのモンサンミシェルを堪能した一日でしたが、ホテルの夜の食事でもびっくりすることがありました。決まったメニューが幾通りかある中で、カラス貝が入ったプランを頼んだのですが、その前菜のカラス貝が大山盛りなのです。

とても食べきれないと思いましたが、適度な塩味のついた貝は思いのほか美味しくて、ぺろりと平らげてしまった自分にもびっくりしました。スプーンも添えられてきますから、残ったスープを飲んでもよいのですが、パンに浸して食べた方が美味しいようです。

メインを食べているときに、前のテーブルの人の前に、ものすごい豪華な料理が運ばれてきました。横にいたフランス人もびっくりしていましたから、よほどの高級料理なのでしょう。なにしろエビから貝から魚から、あらゆる魚介類が山のように積み上げられているのでして、私は思わず失礼を承知で写真を撮らしてもらいました。

当人も写真を撮っていたので、おそらく自分でも滅多に頼まないごちそうなのでしょう。あの人があの豪華な食事を最後の晩餐にして、この世からいなくなっていないことを願うばかりです。

　フランスに入って以来、本格的なデザートは控えてきました。フォルミュルで選ぶ際も、アントレかデザートのどちらかがつくときには前菜をチョイスしました。それはあまりにも甘そうで、シニアとしては糖分の取り過ぎになりそうだったからです。

　ところがこのホテルのディナーは両方がついていたので頼みましたが、本格的というにはあまりにも本格的で、食べる前からいささか食傷気味です。

　バニラアイスといちごのソルベがベースになり、アーモンドとバナナのスライスがどっさり乗っかったうえにたっぷりの生クリームとくれば、こんなやつをペロリと平らげるフランス人の健康状態が心配になります。

　隣接のバーでウイスキーの水割りを頼むと、「サングラス」と聞かれました。外はざんざん降りの雨ですから、サングラスは妙です。適当に返事をしていたら、やがて運ばれてきたウイスキーを見て納得、グラスとは氷のことで、サングラスといえば氷抜きのことだったのです。

　しかもそのウイスキーの量が、2フィンガーどころか、4フィンガーほどもあって、うれしくなりました。

なんだか食べること飲むことばかりで、そうでなければやたらに感動しまくり、モンサンミシェルの魅力をどこまで伝えられたかわかりません。ぜひともご自身で足を運んで、あそこの風に心地よく吹かれてみることを強くお勧めしてこの項を終わります。

来るはずの列車が来ない

ここでもう一度、自分で計画を立ててモンサンミシェルを訪れる人のために、アクセス情報を整理してみます。

一番簡単なのは、パリからのツアーに参加することです。日帰りとか一泊とかがありますから、それを利用すれば苦労知らずで観光できます。

単独で、または少人数で計画するときの最大のネックが、交通の情報が少ないという点でしょう。私もこれにはかなり苦労して、できる限りの情報を国内で仕入れようとしましたが、隔靴掻痒の感を否めませんでした。

それは実際にこの地を訪れて生で仕入れたのではないらしい情報が氾濫して、非常にわかりにくいからです。しかも本によっては列車の本数に何本もの開きがあるし、バス情報はさらに不確かです。だからここでは、現地で仕入れたとっておきのアクセスをすべて公表しますので、参考にしてください。

パリからモンサンミシェルに入るのに、いちばん普通に勧められるのがTGVでレンヌに入り、そこからバスでむかうというものですが、バスの本数が少ないのが欠点で、私の入手した時刻表によれば一日に4本しかありません。9時台、15時台、17時台、19時台の4本で、土日、祝日、バンクホリデイにはここから17時台が消えます。

　これは帰りもほとんど同じで、多分特急列車の時間にあわせて運行されているとは思いますが、ひとつ間違えれば大変なことにもなりそうです。

　モンサンミシェルからのレンヌ行きバス停は、町入り口の強制自家用車駐車場（無料往復バス終点）近くですので、時間に余裕を持って待っていましょう。

　レンヌ経由の利用者が多いということは、順調にいけば順調だということでしょうから、これでもよいのですが、バス料金が安くはないので、フランスパスなどを持っている人は列車利用がお得です。

　パリから列車で行くには、ふたつのルートがあります。ひとつがレンヌまで特急などを利用、そこからローカル線に乗り換え、カン（シェルブール）行きなどに乗ってポントルソン下車という方法です。

　これはパス利用ですから列車代はタダ、しかもポントルソンからのバス代は数ユーロなのですから、経済的にもけっこうなルートでしょう。

　ただしこの路線でのTGV利用は、座席予約料金など
が別に必要だそうですから、そこのところは勝手に省
略しないようにお願いします。

　私のように西や北の方面に寄り道したり、シェルブー
ルに行きたい人は別ルートで、パリからはシェルブー
ル行きに乗り、リゾンで乗り換え、ひたすら平和な田
園牧草地帯を走ってポントルソンに入るということに
なります。またはカン（カン行きもあり）で下車、そ
こからレンヌ行きに乗るという手もあります。

　ポントルソンからのバスは、平日で15往復、日曜祝
日でも11往復ありますから、そちらでの乗りはぐれの
心配は無用です。

　ちなみにモンサンミシェルからのポントルソン行き
バス停は、ホテルメルキュル前です。日本のように標
識が立っていないので心配になりますが、ちゃんと停
まってくれるから大丈夫です。

　この向かい側にあるギャレリーには、スーパーやパ
ン屋、珈琲ショップなどがあって便利だし、お土産も
ここで揃います。2階にはきれいなトイレもあって、
無料で使えるのもありがたいですね。

　もちろんアルコールも売っていますが、私は部屋飲
みはしないと固く心に決めているから、旅行中もそれ
を貫いて飲むのはお店だけにしました。ボトルで買っ
て部屋で飲めば経済的ですが、だらだら飲みはキリが

ないからで、この習慣ばかりは自分で自分を褒めてあげたい。

　さて、一般的なことはこれくらいにして、私の実体験に戻りましょうか。出発の朝、ひとり旅の大和撫子とお話ししました。なんでもパリでeチケットをすられたとかで、個人でレンヌ経由の料金を払って訪れているそうです。

　それはそれでめずらしくもない話ですが、彼女が苦心しているのが現地での登録作業でした。スマホを使ってチケットなどを読み取り、それで正式に登録が完了するらしいのですが、ワイファイとやらの電波が弱いのか、何らかの別な理由があるのか、その作業がうまくできなくて困っているのです。

　現代っ子は文明の利器を百パーセント信頼して、日本国内のように簡単にネット回線が通じると思っていますが、どっこいなかなかつながらない場合も多いみたいで、他にも苦労している同胞がいました。

　彼女はバスでレンヌですが、私のポントルソン行きはもう少し早いのでバス停で待ちました。ほぼ時間通りにバスがきて、駅まで行ったのはよいのですが、どうも様子がおかしいのです。

　レンヌ行きは1番線なのに、旅行者はみんな2番線で待っていて、しかも時間になっても列車が来ないのです。

　窓口で聞いてみると、今日はその列車は来ないとの

ことで、このプランは諦めることとなりました。

　手元の時刻表を見直しても、7.55、9.15、16.14、19.12
の4本の他に、19時台と21時台の2本があることになっ
ているのですが、駅員が来ないというのなら9時15分
の列車は来ないのでしょう。

　となると、このルートは使い勝手が悪いかも知れま
せんね。もっともこれはシェルブールからの連絡です
から、駅員さんが11時の列車があるといったとおり、
カンからの接続だと他にもよい時間帯の列車があるか
も知れません。

　レンヌからのTGVをこの窓口で予約しようとしたと
き、パリ入りが夕方になるというので断わりましたが、
朝の列車が来ないのなら納得するしかなく、あそこで
予約なんぞしなくて本当によかったです。

　そうなれば逆方向に乗るしかなく、来たときと同じ
路線を戻っていきました。カンで乗り換え、あとはサ
ンラザール駅を目指すだけで、こんなことなら、1日
目に無理をしてジベルニーを歩かなくてもよかったわ
けですが、その分だけ早くパリに入れるということで
よしとしましょう。

　シェルブールから来たパリ行きの急行はすでに満席
で、ここからもいっぱいの人が乗って、2等は席がな
くて立っている人なんかもいましたが、一等席はガラ
ガラでした。だから多少の金はケチらずに、シニアな

ら一等のパスにしましょう。

エッフェル塔が見えた

　農業大国のフランスでは、列車はのどかな風景の中を走ります。南や西の方では険峻な山が迫ったりもしていますが、ノルマンディーやパリの回りは基本的になだらかな平野が続いているのです。

　カンからの列車もそんな平和な田園風景の中を走っていきましたが、他の町とは比べものにならないほどたくさんの家やビルなどが並び建つようになってきました。そんな家並みの隙を縫うようにして見え隠れするのが、エッフェル塔だったのです。久しぶりにこのタワーを目にして、私は大感激、大興奮、本当にパリを再訪している感を強くしたのでした。

　パリは4泊5日ですから、かなりのんびりできるはずです。しかもホテルは予約してあるので、若い頃の放浪旅のように現地に入ってからのホテル探しも不要で、なんと余裕なのでしょうか。

　行き当たりばったりのようでいて、旅行前にパリでの予定はちゃんと立てたのです。

　それを書いてみますと、1日目の土曜日はパッサージュ見学と夕飯、余裕があればルーブルでサモトラケのニケだけを見る。

　2日目日曜日は朝からマルモッタン・モネ美術館、出来れば午後はオルセー、バトビュスに乗って夜までエッフェル塔。

　月曜日はオランジュリーとプチパレ、夜はクレイジーホース。

　火曜日は朝一でオルセー美術館、アメリの足跡をたどってレドゥムーランとサクレクール寺院、ピガール界隈で夜遊び。

　最終日は夜の出発便なので、ホテルに荷物を預かってもらってサンマルタン運河、北ホテルでランチ、中華街に行って早めの夕食後に余裕を持って空港へ向かう。

　一応はこんな予定を立てたのですが、早くも到着から予定通りにはいかなくなってしまったのでした。

　サンラザール駅からタクシーで、東駅近くのロレーヌというホテルに向かいます。むろんメトロ利用でも行けるのですが、荷物を持っての移動はスリやかっぱらいに目をつけられやすいのでタクシーにしました。

　運ちゃんに住所を告げると、あまり行ったことがないらしい様子だったので心配になりましたが、どっこいスマホの位置ナビ機能を使ってどんぴしゃりでホテルの前まで連れて行ってくれました。これで8ユーロですから、パリのタクシーは安いですね。

　ホテルは前払いなので、220ユーロを払いましたが、一泊が55ユーロですから、花の都にしては安いと思い

ませんか。

　安いだけあって、クーラーはなし、狭いシャワーと
洗面台近くのトイレ、四畳半はないような狭い部屋の
中央にどんと置かれたダブルベッドのせいで、回りを
横歩きしなければならないような状況ですが、それで
も小さなベランダがついていてご機嫌。

　シャワーを浴びて靴下を洗い、ベランダに渡した紐
で靴下を干します。そこはホテル看板のすぐ後ろだか
ら、町からは洗濯物を干している様子が見えないわけ
で、あまり堂々とは干さない方がよろしいでしょう。

　郊外の学生寮などでは、道路にむかってパンツやら
シャツやらが丸見えで干してありましたが、市内では
見かけない光景で、多分規制されているのでしょう。
だから私も控えめに靴下を洗うだけにして、その日は
お昼寝をすることにしました。

　やはりここまでの旅程でかなり疲れがたまっていた
らしく、2時間も昼寝をしたら元気はつらつ、ホテル
の人に聞いてコインランドリーを探すことにしました。

　たまっている洗い物はとりあえず部屋に置いて、場
所だけを確かめるつもりで教えられた方角を探すので
すが、いっこうに見つからないのです。それどころか
どんどん風紀が悪くなっていって、気がつけば北駅の
前じゃありませんか。申し訳ないけれども、ここはと
ても治安が悪そうな場所のひとつに違いなく、早足で

帰りました。

　ホテルの人には「ラヴァーエレクトリックマシン」はどこかと聞いたのですが、多分「ラブマシン」とでも聞き違いしたのでしょう、どおりでセックスショップが軒並みあったはずです。

　そうこうしている内に夕方になってしまい、もう今からパッサージュなんか行けません。なにしろ治安が悪いサンドニ通りに散在しているのですから、いくらイノシシ歳の私でも自重せざるを得ません。

　駅前のバス停でそれとなく路線図を見比べていると、凱旋門までのバスがあるじゃないですか。メトロ共通の乗車券は持っていたので、一番前の席に陣取ってパリ風景を満喫しました。トロリーバスはどこをどう通ったのか、やがて日本大使館の前を通って凱旋門に着きました。

　久しぶりのパリで本格的な観光ポイントは初めてですが、人の多いことにびっくりしました。なにしろ周囲の道から中の広場まで、観光客がびっしりなのです。上に登るための切符売り場なぞは、それこそ長蛇の列で、とても並ぶ気になれません。

　もっとも長い階段は上る体力もなく、エレベーターはあるらしいのですが、そこまでは図々しく立ち振る舞うことも出来ないので、展望台からの眺めは諦めました。

そして凱旋門の回りに人が多かったについては、他の理由もあったのでして、それが明日に控えたツールドフランスのパリゴールだったのです。旅行計画段階ではとっくに終わっていると思っていたツールが、パリ2日目の日曜日だと知ったことで、もう最初の予定がぐちゃぐちゃになったのはご理解いただけるでしょう。

　凱旋門を8周して、シャンゼリゼ通りも8往復ですから、公式グッズ売店がたくさん出ていて、マイヨジョーヌのTシャツなんかが飛ぶように売れているのです。よっぽどお土産にとも思ったのですが、明日のパリゴールで着ればこそ、日本では着る勇気が出ないでしょうから、ストラップとキーホルダーを2個ずつ買いました。

　シャンゼリゼ通りを少しだけ下りましたが、ブランド品が欲しいわけでもないのではおもしろくもなく、途中からメトロでビルアケムに行くことにしました。

　メトロは混んでいて、いかにも危なそうなので、一本ずらして乗りましたが、それでも怖い感じがありました。なれてくれば大丈夫でしょうが、こんな風に警戒心を働かせるくらいでちょうどいいのでしょう。

　時間帯によってはかなり混雑しているメトロですから、私のように次のすいているのに乗るというのはよい方法です。でも車室内がすいているからといって、安心もならないのです。というのも、スリが仕事をし

ているのを見てわかっても、誰も助けてはくれないからです。

　たとえば東洋系のいかにも旅行者が、車内で移民系の数人に取り囲まれ、そのうちのひとりがポケットに手を突っ込んだりバッグを開けたりを目撃されても、だれかが助けてくれるのは期待できません。

　混雑していない車内で、自分の周りだけ人がいっぱい集まっているという状況を打破できないのは、明らかに取り囲まれている人の自己責任であって、周囲の人は見て見ぬ振りをするのが当然なのです。

　では、こんな風に自分だけ取り巻かれたらどうすればよいのでしょうか。移民系の数人が近寄ってくる気配を感じたら、その場を動いてしまうというのが理想的ですが、囲まれてしまったらその時はその時、しゃがみ込んで抜け出すしかありません。

　立っているからこそ手も足も出ないうちに財布をすられるわけであって、しゃがんでしまうと相手の足の間からすり抜けることができるのです。

　それもできうる限り迅速に、囲まれたか囲まれないかの内に行動する必要があります。相手がスリじゃなかったら悪いなんて思う必要がないのは、見ず知らずの旅行者を数人で取り囲む人が悪意を持っていないはずはないから。さすがにそこまでして囲みを突破すれば、相手もそれ以上は仕掛けてこないはずですが、そ

れでも近寄ってきたらその時は遠慮なく大声を上げましょう。

　フランス語でなくても、いいのです。むしろ相手に意味の通じない言語で大声を出した方が、効果的だったりもするのでして「ドロボー」とか「あっち行け」「このぬすっと盗人野郎ー」「無礼者控えおろー」などと叫びましょう。

　東洋系の旅行者がそれまでしているのに、さらに襲われようとするのであれば、さすがに門外漢を決め込んでいる周囲のフランス人も黙ってはいないでしょう。きっと正義の味方があらわれますから、大声悪あがきでがんばってみてください。

　それでも取り囲まれて、誰も助けてくれない状況に陥ったら、その時は覚悟を決めてカラテのポーズをとるしかありません。それでもダメなら、もうダメですから、お金を渡してしまいましょう。こんなときのために、百ユーロを数枚だけすぐに出せるところにしまっておくとよいかも知れません。

　それでも解放してくれないのなら、もうルール無用のラフファイトしかありません。そしてこれらのすべては、車内で行うべきで、あわてて列車を降りてしまうと彼らの思うつぼにはまります。

　さらに助けが期待できないホームでは、半殺しにされるかも知れませんし、身ぐるみ剥がされるかも知れ

ません。そんな体験をした方は、後日私にご一報ください。次の本で、トラブル例として取り上げさせてもらうと同時に、薄謝を進呈いたします。

護身術ならごしん法

　ついでながら、少しだけ護身術に触れてみたいと思います。学校や習い事で武道を習った人は少なくないでしょうが、それが実戦で応用できるかどうかは別問題になります。

　それはほとんどの武道といわれるものが、簡単な技から始まるカリキュラムに基づいて指導されるから、町でいきなり襲われたとき、どんな風にかかってこられても対処することが出来るだけの技を身につけるには、何年も何十年もかかるからです。

　中には最初からけんか腰の流派もありますが、それでさえも天才的な技術を持っている人以外は、ストリートファイトで身を守ることはむずかしいのです。

　特に女性は、男性みたいにパワフルに動くことはできないのですから、なおさらどんな状況でも対応できるようなテクニックに習熟しておくことが必要でしょう。そんな夢のような護身術があるのかといえば、それがあるのです。

　女性ごしん法がそれで、実をいえば私が編み出した力の弱い女性でも使いこなせる護身術なのです。ひらがなでのごしんは、体も大事だけれど、心の尊厳を守ることはもっと大切だというところから名付けられたもので、割と奥深い意味があったりするのです。

　女性ごしん法は、体操のようにも習えるのですが、その応用範囲は広くてほとんどのケースで使えるといっても過言ではありません。

　それではここで実践してみたいと思いますので、みなさん立ってください。まず右足を前、左足を後ろにして、右足の方に体重をかけます。そうすると、顔面も前に出ていくのがわかるでしょう。

　悪意のある相手と向かい合ったとき、これじゃあ危ないと思うかも知れませんが、向こうのパンチが来たときに体重を後ろに移動するだけで、とりあえずの一発目はかわせるという利点を持った前足体重なのです。

　両手はあごの前で前後に構えますが、当然右手が前になります。拳は握らずに開いたままで、肩の力を抜いてリラックスします。たとえば相手と対したときに、かかってくるまでずっと待っていなければならないので、妙に体に力を入れていない方がいいし、あとで監視カメラで検証したときに防御の態勢と見られて、よほどボコボコに反撃しても正当防衛と判断される可能性が高いのです。

　相手の態勢によっては、この状態から後ろに体重移動をして、腰を低くして前足のかかとを浮かせます。いわゆる猫足立ちですが、このスタイルがピシッと決まると、これだけで抑止力が働く場合もあります。

　練習の時の両手は、左手から順に顔の前を横切るように内回しで2回転させて元に戻しますが、右手も同調させるので、都合4回は顔面を守る形になります。

　前足から後ろ足に体重を移動させ、顔を4回も守りますから、大抵のパンチはこれで防げます。ただこれでは守っているだけなので、相手の体勢の乱れを見て前蹴りを繰り出します。慣れていないと蹴りはむずかしいのですが、相手のどこかに当たれ

ばよいのです。

　相手が蹴りできた場合も、この応用で対処します。中段でも上段でも前からでも横からでも、とにかく蹴りが来たらそこに、大きく内回しした手首側の腕部分をさわらせるようにして体のさばきで威力を減衰させるのです。

　この際に、指先からいくと突き指で痛い思いをしますから、手の甲を内側にむけるようにしてやわらかく内腕側で蹴りをいなすのです。

　いきなり蹴りを出してくるような相手は、よっぽど慣れているか、それとも殴り合いをしたことがないかのどちらかですから、それなりの対応をとることになります。

　相手が慣れていないとわかったら、反撃します。これは最初の内回し受け順前蹴りとは反対に、外回し上中双手突き逆蹴り攻撃となります。

　右前足体重から左足をさらに前に踏み込み、相手の顔正面をかすめるように両手を外回しに動かし、牽制をしておいてから左手掌であごを、右の手掌では胸か水月をストレートに突き抜きます。当たらなくてもよいから、間髪を入れずに体重の抜けている逆足で思い切り蹴り込みます。そして相手がひるんだ隙を見て、距離をとって逃げます。

　相手がなにかの武術をやっているとわかったら、付け焼き刃のテクニックは通用しませんから、狙い所を一カ所に絞ります。やや後ろ体重で浮かせ気味にしている前足で蹴るのは、相手の膝頭です。どんな意図を持っているにせよ、まず接近してくるのは相手の膝ですから、そこを蹴り止めてやるのです。

　膝を砕くような勢いで蹴る必要はまったくなく、押しとどめ

る程度の当て方でも効果があります。相手の怖い顔を見ること
なく、ひたすらに膝の動きだけを注視して近くなったら蹴るだ
けですから、さほどむずかしくありません。それほど強く当て
なくても、相手に与えるダメージはかなりのものがあるので、
たいがいの人はこれで諦めてくれるでしょう。

　これまではいわゆる突き蹴りの対処でしたが、手首や腕を掴
まれたりしたときも同じような動きで対応します。手首の場合
は、とりあえず内回しか外回しワイパーのいずれかを小さくやっ
てみて、相手の体勢が崩れるようだったら、その崩れを助ける
ような方向へ肘を操作します。

　肘の内側、もしくは外側に自分のあいている方の手を添えて、
崩れを助けるような方向に回転すると、意外と簡単に投げ飛ば
せたりもするのです。

　上腕を握られたようなときは、こちらの腕の動きがやや大き
くなるだけの違いで、相手の体勢が乱れた方に肘を送ってやる
のは同じです。

　掴んできた相手の手を振りほどくための前提として、その握
力を極端に減らす必要があるのですが、そのための四原則をこ
こで述べるには危険すぎます。付け焼き刃とも生兵法ともなり
そうなので、この本には書きませんが、どうしても習いたいの
なら女性ごしん法に入門してください。

　以上は暴漢に襲われたときの対処法ですが、現実には女性の
ピンチとしてセクハラとか痴漢が多いわけで、女性ごしん法は
むしろそちらの対策に重点が置かれています。

　例えば職場で上司に肩を叩かれる、あるいは腰に手を回され
るなんて行為は立派なセクハラですが、やっている当人はまっ

たくそんな意識もない天然記念物ものの化石オヤジだったりもするわけで、そんな対応策は武道ではおしえてはくれないのです。ネットなどでごく一部だけ対策を示していたりもしますが、あらゆる被害のすべてに応用できなければ実践するのはむずかしいのです。

　セクハラ対策のむずかしさとしては、あまりにも本気で抵抗すると大人げないとか言われて、左遷させられたりする危険性があることで、だから当人にだけきつくお灸を据えるような控えめな、それでいて二度と手出しをしたくなくなるような効果的な方法をとらなければならない点ですが、そこは女性ごしん法でちゃんとクリアーしています。いずれにしても、現代を生きる女性には必須のテクニックの数々が網羅されている「女性ごしん法」です、本気で覚えたい人は、拙著「少林寺拳法の有段者の小説家が女性向け護身術に噛みつく」を読んで独学してください。わからない部分は、直接指導しますから、コンタクトを。

　以上が私の個人的に編み出したごしん法ですが、こんな風に書くとかならずどこかからクレームがつけられるに決まっています。いわく○○流の方が強いとか、○○は××でも採用されている武術だから護身術にはそっちの方が適してるとか、おまえは百人○○をやったこともないのに偉そうに言うな、俺はどんな相手にも負けない、○○3倍段、3年殺しの急所ぜめ、必殺ワザがある、などなど。

　そんな人に対して、束になってかかってきてくれなさい、なんて言いません。ただ、ルールがあって攻撃が限定されていて、その限定条件下で使える技術をいくら磨いたところで、何でも

ありの悪漢相手では通用しない場合が多いのではないですかと申し上げているだけで、腕試しをしたいのならお止めいたしませんから、サクレクール寺院の裏でも深夜の北駅でも環状線の外側にでも出張ってごらんなさい。きっと、私の言いたいことが体で覚えられるに違いありません。

　それが悪いこととは言いませんが、ほとんどの武術にはカリキュラムがあり、最初は簡単なワザから始まって、技術が高度になっていくにしたがって帯の色も変わっていって、それを励みにさらにがんばるというのが普通でしょう。そのシステムは子供が始めるにはよいにしても、われわれシニアや忙しい現代女性には時間が残されていないのだから、白帯から初歩的なワザを習っているだけの余裕がないわけです。

　だからこそ、今までなにも習ってこなかった人は、海外トラブルに対処するにはごしん法しかないわけであって、いずれ自己責任ですから、あまり目くじら立てずともよろしいではありませんか。

エッフェル塔よ、永遠なれ

　凱旋門からビルアケムに来ると、雰囲気が一変しました。地下から出たメトロが橋の上を走るのがめずらしいビルアケムですが、中近東あたりの出身らしい人たちがたむろしていて、なんだか怖いのです。

　だからセーヌ川の中州にあるという自由の女神の原型を見ることができず、橋の上をメトロが走り抜け、その先にエッフェル塔がそびえているシーンも撮りたかったのですが、撮影ポイントの方にも危なげな人がいるので行けませんでした。

　エッフェル塔の方にむかうと、公園のトイレに人がいっぱい並んで待ってます。男女ともに入り乱れて列を作っているので、仕方なくカフェに入りました。

　ツールドフランスのゴール前日ということもあって、本格的な自転車野郎がいっぱいで、そのカフェでも大いにビールを飲んで怪気炎をあげています。そして道を通る自転車の一団に声をかけては、エールを交換し合ったりするのです。

　私は気前よく出してくれたウイスキーのサングラスが忘れられなくて、ここでも注文しましたが、さすが物価高のパリだけあって、ワンフィンガーくらいしか入っていなかったのです。

　ちょうどお昼時だったので、スパゲティナポリタンと白ワインのカラフェも頼みました。エッフェル塔は背後になってしまって見えないのですが、目前の並木通りを車や観光バスがひっきりなしに通り、恋人たちが不意に立ち止まってキスを交わすシーンなんかもパリ的で感動です。

　このカフェには日本語のメニューもありましたが、あんな裏通りにも日本人観光客が訪れるのでしょうか。あ、私も日本人だった。

　レストラン裏手の路地を抜けていくと、木々の向こう側に圧倒的なスケールでエッフェル塔が現われました。こちら側に傾いてでもいるかのようにそびえ立ったエッフェル塔は、なにか以前とは感じが違うのですが、その違和感の正体はなかなかわかりませんでした。

　お土産売りやビール売りなどがたくさんいる中を、縫うようにして塔の真下までたどり着いたとき、そのしっくりこない理由がわかりました。なんだか想像していたのと、色が違っているのです。

　40年も以前に見たエッフェル塔は鉄錆色というか赤黒いというか、かなりシックな色合いだったと記憶しているのですが、いま目に入っている塔は薄茶色みたいなしゃれっ気のない色なのです。そしてここでも切符を買う人の列が長々と続いているので、展望台に上がるのは諦めました。今回は凱旋門にもエッフェル塔

115

にも上れない結果となってしまいましたが、もっと人が少ない30年も前にのぼっているからいいのです。

改めて見あげれば、ダイナミックな内にも繊細さを秘めたような鉄骨組みは、やはりフランス的エスプリの発露としか言いようのない素晴らしさです。

ついでですが、諸外国にある巨大な現代建築物には、とても美しいものが多いように感じられます。たとえばゴールデンゲートブリッジ然り、エンパイアステートビル然り、リスボンのケーブルカーとエレベーター、ギリシャのコリントス運河、パナマ運河、オクトーバーフェストのテント群、パリ郊外の発電風車など、枚挙に暇がないくらいです。

そこへいくと我が日本では、東京タワーくらいしか思いつきません。現代風に機能ばかりを追求するから、美しくないのでしょう。

話をエッフェル塔に戻すと、廃兵院方向に伸びる芝生の上には、敷物を敷いたり椅子を持ってきたりの人たちでいっぱいです。そんな中をワインやビールを売る人、お土産やスマホ自撮り棒、果てはライトを売る人たちが縫い歩いて大変なさわぎです。そして時刻は9時を過ぎているのに、まだ日が沈まないのです。

屋台というには本格的な店が音楽をガンガン流し、子供用のスケート場まであるエッフェル塔下の芝生広場は、お祭り気分の充満する楽しくも儚げな場になっ

ていました。

　ようやく西日が隠れ、暗くなってきた夕空にエッフェル塔がシルエットになる頃、いきなりライトアップされたのです。それはそれは、とても幻想的な光景で、眠いのを我慢して待っていた甲斐があったというものです。

　しばらくすると、フラッシュライトの点滅で、ひときわ大きな歓声があがりました。エッフェル塔に取り付けられた無数のライトが激しく交錯しながら、シルエットをかき消すかの様にエネルギッシュに光ったり消えたりするのを見ている私は、言いようのない感動に包まれて立ち尽くすのでありました。

マルモッタン・モネ美術館

　オルセーとここは、今回はどうしても訪れたい場所でした。他の美術館は行ってますが、この二カ所だけは訪問できずにいたのです。

　メトロをLA MUETTEでおります。出口はひとつですから、左手に道を取ると、並木道の公園に突き当たります。まっすぐに入っていって、ゆるやかに右カーブした先にお目当ての美術館が現われました。

　まだ早いので、そこらをぶらぶらと散歩。至る所がフランス的でパリ風で、なんだかうれしくなってしま

います。それでなくともフランスびいきですから、このままトラブルなく終わってくれれば最高です。

　舗装路の一部に、補修した時のらしい日付が刻まれていて、そこに木の芽なんかが数字なりに埋まっているなんて情景にすら感動してしまいますが、安っぽすぎますか。

　開館の時間には、私を含めて8人くらいしかいなかったのですが、あまり人気がないのでしょうか。その中に大和撫子がひとり紛れていまして、日本女性は単独行動をする勇気を持っていて偉いと思いました。くれぐれも、トラブルなどに巻き込まれずに、楽しく帰ってくれることを祈らずにはいられません。

　美術館そのものも素敵な建物でしたが、展示品はさらに圧巻でした。作品数はさほど多くはないけれど、選りすぐったものが並んでいるのです。

　門外漢の私めなんぞが、世紀の巨匠たちの作品を批評するのもおこがましいのですが、数点だけ触れさせてください。

　「印象・日の出」は、想像していたよりもずっと淡い色調でした。初めて本物を見たのだと思いますが、これが印象派の出発点になった作品だと思うと、感激です。

　まだほの暗い港に小舟が浮かび、微細な波に優しい陽光が反射している情景が切り取られていますが、やはりモネはいいですね。今更のようにオンフルールを

訪問できなかったのが悔やまれますが、農民ストでは仕方ないですね。

「ルーアンの大聖堂」を描いた連作も数点ありましたが、ここは訪れた直後のせいもあって感動的でした。本物の教会ファサードを前にして、モネの連作とは印象が違って感じられたのですが、やはり作品は両側に高くそびえ立つ尖塔を省いていたのでして、私の記憶も間違ってはいなかったのです。ほとんど同じ図柄の中で、教会正面に当たる陽の光だけの違いを描き分けているのですが、その熱情には頭が下がります。

地下に行くと「睡蓮」がいっぱいで、嬉しくなりました。だって人が少なくて、思う存分にモネを楽しめるなんて滅多にありませんからね。

それにしても、絵画作品というのは大変なものだと思います。何百年も前の作品が、画家の息吹すら感じさせて自分たちの前にあるのですから、感動しないではいられませんが、そんなことに興奮するのは私だけでしょうか。

2階は足早に見て帰ってしまう人が多いのですが、個人的にはモリゾがよかったです。とても良かったのですが、どんな作風かは私のつたない文章では伝えられないので、ぜひ現地で現物を鑑賞してください。

スリー味との接近遭遇

　交通規制が敷かれていて、バスではどこにも行けない状況なのは、今日がツールドフランスのパリゴール当日だからです。メトロも凱旋門は通過なので、ジョージ五世駅で外に出ました。

　シャンゼリゼ通りの真ん中あたりですから、自転車が走りすぎるのを見るのには絶好のポジションですが、もう人垣が出来ているのです。だから近くのレストランで、遅い昼食をとることにしました。

　例によってフォルミュルから選ぶと、すぐにサラダとメインが出てきました。いわゆる定食だから、スピーディに出されるのはいいですね。だってちゃんとしたアラカルトでフルコースなんか頼んだ日には、食事が終わるまでにどれだけの時間がかかるかわかりませんからね。

　サーモンのたたき風なメイン料理はいけましたが、レタスの他に添えられていた調理した米料理みたいなものは、あまり美味しくはありませんでした。しかもその量たるや、半端ではないので、なんとかワインで流し込むようにして食べましたが‥‥。

　まだ早いだろうと思いつつ、警察車両がいっぱい止まっている脇を抜けてシャンゼリゼ通りに戻ると、サ

ポートカーの一団が猛スピードで走り抜けたあとで、もう自転車の固まりが見えてきたではありませんか。もっと遅くて夕方の到着とばかり思い込んでいたのですが、天気のせいで出発が早まったのかどうか、ともかくものすごい勢いで自転車集団がコンコルド方面から来て、凱旋門方向へと走り抜けていくのです。

幸いなことに私の前に陣取っている人たちは椅子を用意しているので、割と視界が開けて、本物のツールドフランス集団を見ることが出来ました。

通過の数分後には凱旋門を一周してきたグループが、目の前をふたたび猛烈なスピードで通過していくのですからたまりません。私は夢中になってその様子を眺めたり、ビデオに収めたりしていたのですが、そんなふうに自転車に気をとられている場合ではなかったのです。

ふと気づくと、コンコルド方向に大きなテレビがあって、今まさに眼前を通り過ぎた一団をカメラが追っているではありませんか。私はそこで人垣を離れ、ひとりで立って両方を交互に見比べていましたが、結果的にはそれがよかったのです。

私のすぐ横に移民系の人が立って、体をすり寄せる風にするのです。私は奇妙な違和感を感じましたから、それとなく体を横に移動させたところ、もうひとりの仲間が「そいつは止めとけ」みたいな目配せをするの

です。これがひとりで独立したあとだからよかったものの、人垣の中でレースに夢中になっているときだったらと思うと、ぞっとしました。

そしてそいつらがスリ集団に違いないとの確信は、次の行動を観察していて明らかになったのです。3人組は私の横を通って、最前列に固まりました。獲物として目を付けたらしい人物は私のところからは見えないものの、誰かが狙われているのは確実です。それは彼らの挙動が、周囲の人とはまったく違っておかしいからです。

自転車のグループが目の前を通り過ぎるとき、すべての人の視線がそちらに注がれているのに、彼らだけがスマホをあらぬ方向に向けたりして周囲を警戒しているのです。

そこで私は、それまでレースを撮っていたカメラのレンズを、スリ集団に向けました。あからさまに構えるわけにもいかないので、腕組みをした間からレンズだけをのぞかせるという高等テクニックで、みごとに彼らのおかしな動きをキャッチしましたが、それをビデオの付録としてみなさんに見てもらってもよいかどうかで迷っているのです。正義はこちらにありますが、そんな理屈が通る相手ではなく、暗殺団が派遣されても困ると思うからですが、編集者と相談してみますね。

よそを向いたふりをしながらレンズを向け続けるこ

と数分、いきなりひとりが振り向いたからびっくりして、いかにも不自然な動きで横を向いてしまいました。レンズも引っ込めてあらぬ方向を見ているのに、そいつらが全員、私の方に向かってくるではありませんか。

ああ、遂に一巻の終わりかと覚悟を決めましたが、そいつらは私の隠し撮りに気づいたのではなく、獲物のガードが思いのほか固かったので、いったん諦めて距離をとっただけだったのでした。

それが証拠に、一度引っ込んだ彼らはふたたびふたりで同じ場所に戻って、なにやらもぞもぞしていましたが、結局は戦果を上げることが出来なかったみたいでした。ざまあみろと、私は心の中で快哉をあげたのですが、スリとの遭遇は何度経験してもいやなものですね。

最初はスリランカ（当時はセイロンだった）の象祭りで、ズボンの後ろポケットから手帳をすられましたが、現金の被害はなく、二度目のラサではバスに乗り込むどさくさ紛れにポケットに手を突っ込まれましたが、人民元で財布がぱんぱんにふくらんでいたおかげで被害を免れることができました。パナマでは三人組強盗すりに300ドルを強奪され、今回が4回目のスリとの接近遭遇だったのですが、これって多いのでしょうか、それとも少ないのでしょうか。

それはそうとして、肝心のパリゴールは雨が降った

りやんだりの悪コンディションをついて行われました
が、先頭集団からぽつぽつと遅れるグループなんかも
出てきて、いつもの迫力がなかったみたいでした。

　それらの中に、おしりの形といい、髪の長さといい、
完全に女性だろうと思われる人が混じっていましたが、
あれは普段からエロいことばかり考えている私の見た
幻だったのでしょうか。

　数年前のシャンゼリゼでは、日本人選手がトップ集
団を抜け出し、数周回を先頭でリードしたこともあり
ましたが、雨で路面が濡れているせいもあってか、果
敢にアタックしてもすぐに吸収されてしまいました。
そんな情景が、5メートル前で展開し、大型スクリー
ンにも映し出されてすごいのです。

　我が国でレースの録画などを見ていて、腑に落ちな
かったのが、凱旋門の反対側の折り返しで地下道をく
ぐるのと、そこを出た正面にある黄金のジャンヌダル
ク像ですが、後日カルーゼルの凱旋門を見ていて納得
しました。

　以前にはなかった地下道がチュイルリー公園の下を
貫通し、以前は確かサントノレ通りにあったと思われ
るジャンヌダルクが、なぜか地下道出口の真正面に場
所を移していたのです。

　それは後日譚ですが、ともかく私は大満足でツール
の最終ゴールを見届けて帰りました。遅い昼寝から目

覚めると、ちょうど私が見ていたのと同じシーンをテレビでやっていましたが、ゴールまで見届けることなく外出しました。予定だと最終日に計画していたサンマルタン運河訪問を、今日やってしまおうと思い立ったのです。

運河のカラクリがわかった

東駅の中を通り抜けて、少しだけ歩くと、運河にぶつかります。堤防からあふれそうになみなみと水をたたえたサンマルタン運河は、普通の川のようには水が流れてはいないのです。それが運河の運河たるゆえんでしょうが、そのカラクリはもう少し後で明らかになるのです。

橋を渡って対岸に行くと、思いがけない場所にこぢんまりとホテルがありました。ここは往年の名画「北ホテル」の舞台になった名ホテルで、今回の旅では是非とも訪れたい場所の最右翼だったのでした。

巨匠マルセル・カルネは、他にも「天井桟敷の人々」や、若き日のジャン・ギャバンを起用した「陽は昇る」などで知られます。1938年制作のモノクロ映画ですから、47年生まれの私は当然封切りでは見ていませんが、フランス映画傑作選などにはかならず入ってくる作品で、私もDVDで鑑賞したのです。

運河沿いの安宿北ホテル。その一室で男女が心中を図る。男は自首し、女は一命をとりとめ、行く当てのない女は北ホテルで働き始めるが‥‥。M・カルネの演出がさえるフランスメロドラマの傑作。

　以上は「愛と幻想の傑作集、フランス映画名作コレクション2　DVD10枚組1980円」からの解説抜き書きですが、一枚200円もしないのですから、いい時代ですね。

　映画のシーンで食堂になっていた1階は、実際の北ホテルでは手前がバーで奥がレストランになっています。カウンター奥の棚には、色とりどりのボトルが並び、そこに間接照明が当てられて幻想的ですらあります。

　白ワインをカラフェで頼み、窓際のテーブルで外の景色を眺めれば、気分はすっかりジャン・ギャバン。おつまみに出されたオリーブも美味しくて、グラスを重ねれば、気分はすっかり酔っ払い。

　外に出れば、いずこからかカンカンと警報めいた鐘の音が聞こえてきますから、千鳥足でポリスにつかまってしまうのかと心配しましたが、その警報は船が通りますとの知らせでした。

　少し下流で待っていると、上の水門から船の舳先だけが突き出して止まりました。すると手前側の水門が

音もなく閉じられて、あとは猛烈な水の音が響き渡るばかり。場所を変えると、なんと閉じられた両水門の中に、白い渦を巻いて水が湧き出しています。水面は見る間に上昇して、10分と立たぬ間に上との差がなくなってしまったのです。

　上の水門が開き、船がゆっくりと前進して間に挟まると、ふたたび上の水門が閉じられて、今度は水が抜かれていきます。要するにパナマ運河のミニチュア版みたいな仕組みで、ほどなく下の水面と一緒になりましたが、その時には最初の水準から6メートルほども下がっていたのでした。

　けれどもまだ、水門の直後に頑丈な橋があって進路を妨げています。すると前後の遮断機が下りて、車を通行止めにしましたから、かちどき橋みたいに上がるのかと思ったら、横にスライドしていって水路を開けたのでした。そして見物人がいっぱいのアーチ橋兼用の下の水門が静かに開き、船は広い水路を、さらにもう一段低い次の水門目指してゆっくりと進んでいくのでした。めでたしめでたし‥‥。

中華料理にハズレはない、
というわけでもない

　メトロを出ると、そこはまるで上海か北京かという光景が広がっていました。中華街の中にフレンチレス

トランが混ぜてもらっているみたいな情景が展開するのは、最近売り出し中のベルヴィルです。美しい町という名から想像するのとは違う、チャイナ風味てんこ盛りの突然の出現が嬉しい驚きだったのは、中華料理が食べたくて仕方なかったからです。

　中途半端なお寿司屋さんとか、中華の総菜屋さんなどは町中でも見かけますが、本格的な中華飯店がずらーっと並んでいるのだから嬉しくなってしまいます。とある店に入り、スブタと野菜うどんを注文して、ビールを飲みながら待ちます。

　やがて出されたスブタも野菜うどんも、見た途端はさすがに中華飯店と感激させるものでしたが、その感激は2口くらいしか続きませんでした。スブタは固い肉ばかりで、トマトとパイナップルが申し訳程度に添えられ、ひもかわうどんはコシがなく、スープも醤油を薄めた味がするだけです。期待が大きかっただけに、落胆も大きくて、打ちのめされてしまいました。

　世界各国の中華料理店に入りましたが、こんな風にハズレたのは初めてで、やっぱりまずい店もあるのだと勉強になりました。もっともいつも頼むのは「チョウミエン」で、これは具の多い焼きうどんみたいなものなのです。

　お店によって上にかける具にトロミがついてたり、野菜がたっぷりだったりと違いはあるものの、まずい

ものにはぶつかったことがないので、ここでもそれを
頼めばよかったのでしょうか。

　帰ろうと乗ったメトロがピガールを通るので、いっ
たんは降りましたが、おなかの具合が悪くなりそうな
のでそのままホテルに戻りました。オシッコでさえも
探すのに苦労するのですから、おなかを壊しでもした
ら悲惨な目に遭うだろうと思ったからですが、この判
断は正解でした。

　どうやら中華飯店の食材か油が悪かったらしく、詳
しくは書きませんが、ともかくホテルの部屋に帰った
のは正解でして、今夜のところはおとなしく寝てしま
いましょう。

室内は23度、ベランダは17度

　翌朝の温度が、上にあるとおりでした。7月の下旬
にしては涼しすぎる感じですが、クーラーのない部屋
の住人としては大歓迎です。雨もよいの日々が続きま
すが、暑いよりはよっぽどいいでしょう。

　クーラーはなくても、スチーム暖房はありますから、
夏は高い部屋にして、冬は安い部屋でもよいかも知れ
ません。秋や冬のパリも風情があって、捨てがたい魅
力があるのですが、ともかく今を楽しむのが第一で、
今日はオランジュリーに行くのです。

ここでしか見られない芸術品に触れるための美術館巡りは大きな目的ですが、小さくない問題点がたまった洗濯物です。

　洗濯物を詰め込んだ袋を見せて、改めてコインランドリーのありかを尋ねると、前回とはまったく別な方角を教えてくれたから、やはりあのときは「ラブマシーン」と聞き違えたのでしょう。

　フランス人はこちらがよく話せないと知ると、ゆっくりとしゃべってくれるから好きです。それによると、前の道を「ゴーシュ」交差点を「ドロワット」そして「ドロワ」と聞き取れました。直訳すれば、右まっすぐ左でして、その通りに行くとあったのです。看板には「LAVERIE LIVRE SERVICE」とあって、やっぱり「ラバーエレクトリックマシーン」では通じなかったはずです。

　それではここで、いわゆるフランスのコインランドリーをどう使うのか、レクチャーしてみたいと思います。

- -

1　「CENTRALE DE PRIEMENT」と書かれた販売機で、洗剤を買う。柔軟剤もあるがいらないだろう。

2　洗う方の洗濯槽に洗濯物を入れ、ドアを閉める。

3　斜め上の引き出しを開けて、洗剤を入れる。現地の人は2番目に入れるが、1番目の予洗い枠に入れた方がよいだろうというのは老婆心から。

4 洗濯槽付属のボタンでプログラムするのは、湯温
の調整だから適当な温度を選ぶ。100度に近い表示
もあるが、試したい人はどうぞ。

5 先の販売機に機械の番号を入れると、料金が表示
されるから、それだけのコインを投入する。高額
でなければ、ノートも使えるからうろたえないよ
うに（手持ちのコインを使い切ってしまった私は
大いにうろたえて、そこにいた人に両替を頼んで
笑われてしまった）。

6 オートマチックで洗濯が始まる。予洗い、本洗い、
柔軟剤洗い、すすぎという段階を経るようだが、
2番目に洗剤を入れると本洗いの時に泡が発生す
るわけで、これでは遅すぎるという理由はあとで
わかる。

7 洗濯が終わると動きが止まるので、乾燥機の方に
移す。ここでもプログラムがあるが、乾燥は70度
くらいに設定した方がよさそうだ。私は40度を選
び、結果的に生乾きで失敗した。

8 同じように機械番号を入れ、表示された料金を入
れると乾燥が始まる。

9 15〜20分くらいで乾燥が終了、洗濯物を取り出し
て持ち帰る。

- -

以上がパリのコインランドリー使いこなし術ですが、

場所によっては多少の違いもあると思います。たまたま私が使ったのは最新のマシンだったみたいで、古いタイプはもっとシンプルな使い方になるのかも知れません。それでも大差はないでしょうから、みなさんも洗濯物がたまったら、ぜひトライしてみてください。

ここでの住人のみなさんとのふれ合いは、きっと心に残ると思いますが、普段から人気の少ないところですから、悪い人とふれあって心に傷を残さないように祈ります。

最低限のマナーは守りましょう

ルーブル宮殿を突っ切って、カルーゼルの凱旋門もくぐっていった先のオランジュリーはセーヌ川沿いに引っ越していました。今回のパリ入り以来、本格的にセーヌ川と対面したのは初めてですが、たゆたえども沈まぬパリが実感されてなつかしかったです。

大混雑のルーブルとか、洒落たチェイルリー公園とかにも見所はあるのですが、割愛して美術館に入ります。

ここでの行列はさして長くなかったので、それほど待たされないだろうと思っていたら、パリミュージアムパスとか団体の優先権の行使とかで、どんどん後回しにされてしまうではありませんか。

それでも文句ひとつ言わずにみんなが待っているの

で、私も文句を飲み込んで待つこと約1時間、ようやく念願の入場を果たすことが出来ました。ここでの目玉は文句なしに「睡蓮」ですから、足早にその部屋に向かう途中でいやなものを見ました。

なんと中国人家族がコップの飲み物を飲みながら、展示してある絵の直前まで近づくのです。さすがに眉をひそめた私ですが、注意するわけにもいかずにやきもきしていると、監視員のお嬢がやんわりとたしなめていました。

身振り手振りで説明するのは、ここに展示してある絵は貴重だから、飲み物がかかったりしてはいけないので、カフェに戻ってそちらで飲んでください、というごく当たり前の説得でした。

その時はたまたま小さな娘が飲んでいたのですが、母親はなんと子どもを叱るではありませんか。その前には自分で飲んでいたのだから、責任転嫁も甚だしいが、それでもカフェに戻る気配はいっこうに見せないのです。

監視員が重ねてお願いすると、それまで黙っていた父親がカップをひったくると、ガブッとひと飲み、残った分を母親に無理に飲ませて「どうだ、これで文句はないだろう」。

ああ無情、中国人にこんな最低限のマナーを守っていただくのも無理なのでしょうか。私は監視員に同情

して、思わず「パ ノルマル」というと、可愛らしい
お嬢は肩をすくめてました。

楕円形の大きな部屋の壁一面に睡蓮の絵があって、
それが二部屋あるのですが、ここでも監視員の制止な
ぞどこ吹く風、フラッシュは光らせ放題、絵にはさわ
り放題と傍若無人な振る舞いのオンパレードで、その
うちに中国人観光客はおことわりなんて施設が出てく
るでしょう。

中国旅行中、とある大きなホテルに泊まったときの
ことです。ヨーロッパ系のグループといっしょにエレ
ベーターで1階まで降りたのですが、私たちが降りよ
うとするのを押し戻すような勢いで中国人が乗り込ん
で来るのでして、みんなで唖然としたものです。つい
最近も、観光バスの中に紐を張って、パンツを堂々と
車内で干している情景がニュースになりましたが、さ
すがみんなが勝手に自分だけのルールで動く民族だな
あと感心しました。

もっとも国民の1割にも満たない党員を持つ政党が
国家を運営し、いまだに領土拡張政策などを続けてい
る時代遅れの国ですから、経済だけが発展したひずみ
が噴出しているだけのことでしょうか。

中国人と一口に言いますが、あそこもまた多民族国
家であって、実権を握っているのは漢民族なのです。
チベットでも内モンゴルでもシルクロードでも、飯店

や大きな商店、交通手段など利益を上げられる部門は漢民族が独占していて、現地の人たちは小規模な商いしか出来ないシステムが作り上げられているのです。だから不満はたまる一方で、我が国の経済界も過度に肩入れすると痛い目に遭うのではないでしょうか。

　そこにいくと韓国人観光客はまだましで、大きなアイフォンをかざして絵の前をずーっと流し撮りをしていく程度でした。そんな光景を見せつけられた後だから、感激が薄れるかとの危惧は無用で、自然光の中での睡蓮を1時間以上も堪能した私だったのでした。

　ここオランジュリー美術館では、もちろん他の作品も充実しています。印象派を初めとして、ローランサンやユトリロなどにも素敵な絵がありますが、私の解説ではかえってそれらの価値を貶めてしまう結果になりそうですから、もう引っ込みます。

　それにしても、芸術の都とは言い得て妙、まったくその通りだと思いますが、あとはかの国の人たちがもう少し小さな声で話してくれたら‥‥。

パサージュに行こう

　今回の旅で楽しみにしていたことのひとつに、ガラス屋根のついたアーケードを総称するパサージュ巡りがあります。今までまったく知らずにいたのですが、

資料を調べている内にこんなのがあると知って、たまらず行きたくなってしまったのです。

　パリの道が舗装されていないほどの昔、雨が降ると歩くのもままならぬほどにぬかってしまうのを見かねて、ある人が便宜を図って屋根のついたアーケードを作ったそうです。それが人気を呼び、商店が競って入るのを見た財閥や大商店主が、自分の店や見世物小屋に客を誘おうと、あちこちにガラス屋根から自然光の入るアーケードを作ったそうで、取り壊されてしまったものも多い中で、かなり特色のあるパサージュが今でも残っているらしいのです。

　メトロ「グランブールバール」近くには、パサージュパノラマなどが集中していますし、危ないサンドニ通りにもちらほらと散在、そして最も美しいといわれるヴェロドダは、パレロワイヤルの裏道にあるらしいのです。

　パサージュの存在そのものを知らなかったのは、若い頃の放浪旅では節約することが第一義だったし、ヨーロッパ中を駆け巡ったので細かい場所まで研究していなかったせいでしょう。それが今回はノルマンディとパリだけだったので、事前に本で充分に調べたから、この魅力あふれるアーケードを知ることができたのです。

　アルカードともギャルリともパサージュともいう場

所は、パリ市内だけでも19カ所くらいあるらしいのですが、はたしていくつ訪れることができるでしょうか。

　最初は一番大きなパサージュ・デ・パノラマに行きましたが、その怪しげな狭さというか、猥雑さというか、昼間なのにほの暗い妖しさというか、ともかくそんな不思議な魅力に取りつ憑かれてしまいました。なにしろ、すごくいいのです。

　両側には小さな商店が入っていて、それこそ千差万別の売り物を並べ、なんと劇場までもが入っているのです。頭にぶつかりそうなくらいの低さに、さまざまな看板がかかり、それらがまたしゃれているのです。ただでさえも狭い通路に、カフェの椅子とテーブルが出されて、人出があったら渋滞しそうです。

　天井のガラス屋根から漏れ入る陽光が、やわらかな陰影を作り、歩く人すらどこか哲学者風なのです。

　作られた当初はパノラマという見世物があり、それを見せるためのものでしたが、あまりにも人気が出たので4方向にも通路を設けて、今でも最大規模を誇っているのです。確かに真ん中くらいまで進んでいくと、四つ角になって両側にも細いアーケードが続いていて、本当に迷子になってしまいそうなのです。

　いきなりこんな素敵なパサージュに当たったから、次はあまり感激しないだろうと覚悟しながら訪れたパサージュ・ジュフロワが、これまた感動的なまでの素

晴らしさだったのです。

　おそらく読者のみなさんの多くは、なにをおおげさ
なと思っているかも知れませんが、決してオーバーな
言い方ではないことは、ご自分で訪れていただければ
わかります。

　ここが決定的に他と違っている点は、真ん中あたり
でクランクになって折れ曲がり、そこに数段の階段が
あることでしょうか。設計段階で間違えたか、それと
も既存の建物があっての苦肉の策であったのか、とも
かくユニークであるには違いありません。

　ユニークといえばここに入っているお店がまた個性
的で、それぞれに特色を発揮して輝いています。中で
も一番素敵なのがステッキ屋さんで、見たこともない
ような飾りを持った豪華な杖から、私でも買えそうな
値段のものまで並んでいて、ステッキだけで商売にな
るのか心配になってしまいました。

　他にも雑貨小物、万年筆、子供服、むずかしげな本
から優しげな絵本などを扱っている店がありますが、
これまたユニークなのが曲がり角にあるホテルと蝋人
形館でしょうか。このオテル・ショパンには泊まること
もできるそうですが、一泊いくらなのかは知りません。

　こんな素敵なパサージュを、その昔、ヴェルレーヌ
やアンドレ・ブルトンなどが散策したのではないかと
考えると嬉しくなってしまいますね。

　クランクの上には1847の年号プレートと、古ぼけた
時計がかかっていますが、くれぐれも見とれて階段を
踏み外さないようにしてください。誰かさんが危なかっ
たので、ひと言申し添えておきます。

　この近くにはヴェルドーとデ・プランスというふた
つがあるのですが、もう説明も疲れてしまったので省
略。そして次には、もっともシックと評されているギャ
ルリ・ヴェロ＝ドダに向かう著者なのでありました。

　パレロワイヤルを目指して一直線に歩いて行ったら、
フォーラムデアールにぶつかってしまい、しかもそこ
が大規模な工事中で、なんだか地図の見方までわから
なくなって帰ってきてしまいました。

　丸屋根の証券取引所の前まで行ったのだから、目的
の場所は2本くらい奥の道沿いにあったはずだけど、
少しぐらい見残しを作っておかないと、次に行くとき
の楽しみがなくなってしまうものって、もう行けない
んじゃないの。

　サンドニ通りにもいくつかのパサージュがあって、
そちらはかなり落魄した風情とかで余計に行きたくなっ
てしまうけど、危ない通りだと聞いているのでどうし
ましょう。

　危なくなくて最新のパサージュは、シャンゼリゼ通
りにあります。天井のガラス屋根から自然光を取り入
れていないから、厳密にはパサージュといえないとこ

ろが、アルカード・デ・シャンゼリゼという名称にも
表れているのでしょうか。私は訪れることができませ
んでしたが、アールデコ調の装飾がこれでもかという
くらいに見られるそうで、シャンゼリゼに行くなら寄っ
てきてもよさそうです。

パリのナイトライフは最高だ

　一連の美術館、パサージュ巡りはかしこまった格好
でしたが、それというのも今夜はクレイジーホースに
も行くからです。どこに行くにもカジュアルという人
も多いのですが、私はTPOによってはせめてネクタイ
は締めたい派ですから、大天使ミカエルに敬意を表し
ておしゃれをしたモンサンミシェルに続いての準正装
スタイルなのです。

　ところが妙に、首筋が痛かゆいのです。ちょうど襟
が当たるところが奇妙にひりつくのでおかしいなと思っ
ていたのですが、思い当たることがありました。それ
は、今朝の洗濯に原因があったのです。

　2番目の本洗いに洗剤を入れ、40度で乾燥した結果
が、生乾きだったのですが、もう一度乾燥するのもめば
からしく、時間もなかったのでそのままシャツを着ま
した。

　ネクタイをしたから余計に当たり具合が強まったの

でしょう、最後には血がにじむほどに首筋を痛めてしまったのですが、それもこれも現地の洗剤が肌に合わなかったからだと考えると合点がいきます。

　せめて1番目に洗剤を入れ、高温で乾燥すればよかったと思うも後の祭り、だからみなさんには失敗して欲しくないからの提案だったのです。

　どんなに痛かゆくとも、襟足に血をにじませていようとも、ショーの時間は迫りますから出向きました。高級なストリップと称するにはあまりにもお高いクレイジーホースに行くと、なんと一番前の、いわゆるかぶりつき席に案内されるではありませんか。

　舞台を見るのに、首筋を痛めそうなまでに上を向かなければならない最前列席に座っているのは私ひとりで、あとのグループ客は後ろの席から案内されていきます。

　これは実に具合がわるく、まるでスケベおやじ丸出しではありませんか。まあ、実際にそうだから仕方ないですが、居心地が悪いことには変わりありません。

　客席がほぼ埋まった頃、救いの女神が現われました。私と同席になったのは可愛らしい日本女性で、あの時ほど相席が嬉しいと思ったことはありませんでした。

　オペラ座近くの高級ホテルに宿泊のK嬢は、なかなかの美人で、話も弾みます。直前にやはりモンサンミシェルを訪れたというK嬢、靴についた浜泥が粘っこ

くて落ちないんです、なんて他愛のない話にも噛み合ってくれて嬉しいこと限りなし。

　彼女は普通のシャンペンサービスを受けていましたが、私はウイスキーを頼んだのです。情報収集の段階で、シャンペン一本か、もしくは他のアルコール2杯が選べると知った私は、あらかじめ予習していった通りに頼んで、みごとにウイスキーを獲得していたのでした。

　ショーが始まると、これがまたすごいのです。なにがすごいったって、すごいのだから凄いとしか言いようがないのです。トップレスどころのさわぎではなく、いわゆる前張り一枚のパリジェンヌが、あらぬお姿であんな格好もこんなポーズも見せてくださるのですから涙ものです。

　特に乳房の美しさは特筆もので、専門語で言うところの乳暈がわからないくらいに薄い人がいるかと思うと、ほのかにピンク色に染まっているひともいます。

　更なる専門語でいうニップルは、控えめに小ぶりなのが多くて、やはり私の趣味にはぴったりくるのです。そして乳房そのものもブルンブルンと揺れるほどには大きくなくて、形が美しいのです。

　ヒップはといえば、さすがのパリジェンヌで、かのタカラジェンヌの追随を許さぬほどの素晴らしさで感動しました。そんな風にほぼ全裸で踊っているのに、

いやらしさをまったく感じさせないところがクレイジーホースたる所以でしょうか。だからこそ、世界中から人々を呼ぶのでしょうが、そんないやらしさを感じさせない中にもいやらしさを感じ取るのが私の私たる所以でしょうか。

　休憩を挟んでの2時間弱はあっという間に過ぎ、外に出たところでベレー帽をなくしたことに気づきました。場内では脱帽してくださいとのアナウンスがあったので、脱いでポケットに押し込んでいたのが、ショーに夢中になっている内に落としたらしいのです。

　次の入場者が待っている間をすり抜けていこうとすると押しとどめられ、事情を話すとすぐに探してきてくれました。最後まで紳士的な対応をしてくれたスタッフに、この場を借りてお礼を申し上げます。

　あの場で楽しいひとときをいっしょに過ごしてくれたKさん、ショーのあとで食事がご一緒できなくて残念でした。この一文がお目にとまりましたら、ぜひご一報ください。しゃぶしゃぶかなんかでよろしければ、ごちそうします。

　え、肝心の踊り子さんたちはきれいだったかって？

　ああ、そう言われてみれば、踊り子さんの顔は全然見ていなかったなあ。

パリのナイトライフは最高だ　パート2

　ちゃんとまっすぐにホテルまで帰ってきたのですよ、クレイジーホースのあとで。だから本来はもう、ナイトライフはおしまいのはずなのですが、ひょんなことになってしまったいきさつをお話します。

　目玉焼き付きの朝食を食べたホテルとなりのカフェに入り、ビールを一本だけ飲んで帰るつもりでした。カウンターの方がいくらか安いので座ろうとすると、あいにく先客がいて、仕方なく東駅が眺められる窓際のテーブルに座りました。

　ビール一本のはずが、白ワインの追加となるのは酒飲みの哀しいサガ。するとそこに話しかけてきたのが、最前からカウンターで飲んでいた日本人でした。

　私が座ろうとしたスツールをとったままで友人がいなくなったことをわびに来た形で、もちろん酔っぱらい同士だから意気投合。

　某4チャンネルのパリ支局員だというK氏は、使いっ走りですよと謙遜するくらいの使いっ走りらしいのですが、フランス語がぺらぺらで尊敬してしまいます。

　追加のビールを頼む段になると、ドライがいいかフルーティがいいか聞きますので、スーパードライと言いました。そのしゃれが通じたかどうか、ともかくK

144

氏はバーテンと掛け合って、かなりドライな生ビール
をゲットしてくれたのです。

　ますます酔っ払ってから聞く彼のパリ事情は、やは
り現地に根を張って仕事している人にしかわかり得な
い情報が満載で、たいへん勉強になりました。そして
大いに盛り上がった私たちは、よせばいいのにサンド
ニ通りに繰り出そうということになったのです。

　昼間でさえ危ないサンドニ通りは、夜はさらに娼婦
が出没して危険地帯に変貌するらしく、もう行くっきゃ
ないでしょう。

　小さな凱旋門めいたサンドニ門をくぐれば、そこか
らは現代の戦場となります。さっそくアタックしてき
た女性に、K氏が最近の相場などを聞きました。それ
によると、このサービスならいくら、ここまでならい
くらと説明されたのですが、詳しい内容はとてもこの
本には書けません。

　いつもならもっといっぱいたむろしているのに、と
はK氏の弁ですが、ちらほら程度でかえってよかった
のでしょう。だって、あっちからもこっちからもアタッ
クされたら、その中には絶対お好みの女性も混じって
いるでしょうから、あえなく陥落していたかも知れま
せんからね。

　ともあれ、妖しい修羅場をくぐり抜けた私たちは、
その後でもどこかで飲んだらしいのですが覚えていな

いのです。ホテルまで送ってくれたらしいのですが、それも覚えてないのです。そしてこの夜の深酒が、あとで大いにたたることになろうとは、ひとり異国のベッドで酔いつぶれてしまった私には、予想だにできなかったのです。

オルセーに入れない

がんがんする頭で目覚めれば、11時なのです。陽はとっくに中天にかかり、明るすぎるほどの日差しの中で、今日は朝一番でオルセー美術館に行く予定だったのを思い出しましたが、体が動かないのです。

昨夜は調子に乗って、サンドニ通りに繰り出したり、カフェバーをはしごしたりしたつけが回ってきたのですが、不思議なものでどこの国でも二日酔いの気持ち悪さは同じなのですね。

無理をして起き上がり、身支度をして外には出ましたが、ふわふわと雲の上を歩いているような気分で、とても危なくてメトロには乗れません。

そこで見当をつけてバスに乗りましたら、これがうまい具合にセーヌ川の向こう岸まで行きました。こうなればRER線に乗るだけでオルセー美術館まで行くはずが、不通なのです。

いつからいつまで不通なのか、原因はなにかわから

ないのですが、とにかく出入り口が頑丈に戸締まりされているのでして、こうなれば他の交通手段を選ばなければなりません。（本書が出版される段階では全線で運行されているらしい）

　ところがあいにくと、セーヌ川沿いを走るメトロはなく、二日酔いの頭では複雑すぎるバス路線図を解読できません。だからかねて選択肢には入れておいた、バトビュスを利用することにしました。

　バトビュスとは水上バスみたいなもので、一日券を買えば何度でも乗り降りできるのです。しかも走るのがセーヌ川ですから、一石二鳥どころではないすぐれものです。

　河岸まで降りて、切符売り場に並びますが、前のイタリア人がああだこうだと言ってなかなか切符を買わないので、結局船が出て行ってしまいました。

　私の番になって尋ねると、おとなは16ユーロ（要確認）とのことで、少し高いと思いました。だって有名なバトームーシュで遊覧観光するよりも高いのですから、一瞬悩みましたが、これに乗らないと美術館に行けないのですから、思い切って買いました。

　次の船までは時間があるので、自動販売機で飲み物を買うことにして、最初に番号を押し、次に小銭をかき集めてちょうどの金額になるように投入しました。ところが待てど暮らせど、ドリンクが出てこないので

す。そこで取り消しを押しますと、実に不思議なことが起こったのです。

　もうパリも3日目ですから、1セントとか5セントなんて小銭がカン市で買ったコインケースの中にあふれるほど溜まっていました。それらを額面の小さな順に入れていったのですが、なんと取り消しで戻ってきたときには大きなコインに変身していたのです。

　もちろん金額はそのままですが、じゃらじゃらと投入した少額コインは、1ユーロコインに変わっていたのです。これこそ現代の錬金術でなくて、なんでしょうか。すっかり味を占めた私は、さらに小銭を集めて、全部で3ユーロになるように計算して投入、すぐに取り消すとみごとに1ユーロと2ユーロ貨に変わっていました。

　こんなことは、どこのガイドブックにも出ていないでしょう、なんて威張るほどのことでもありませんが、小さなコインの扱いに困ったら活用してみてください。

　ようやく来た船に乗ると、オルセーとは逆の方向に走って、超近代的なベルシーアリーナまで行ってUターン、サンルイ島の右側を通って静かに進みます。

　途中でめずらしい光景にぶつかったというのは、いきなり砂浜が出現したからです。なんでも夏の間だけ、セーヌ河岸を海岸化させて、長期バカンスに行けない人に少しでも休暇気分を味わってもらおうと始まった

粋なサービスらしいのです。

　サンルイ島、シテ島をかすめていくのですから景色は絶景なのに、まだ二日酔いの抜けない私は、カメラを構えることも忘れて、ただぼーっとセーヌの人になっていたのでした。

　ルーブル宮が豪奢な側壁を見せて延々と伸びる中、バトビュスはオルセー美術館を対岸に望む船着き場に停まりました。そこで船を下りて石段を上がっていくと、その途中でたくさんの人が紙とペンを持って名前を書いてくれと迫ってくるのです。

　これは新手のたかりで、名前を書かせたあとで寄付を強要してくる手口と知っていましたから相手にしませんでしたが、みなさんもお気をつけください。

　ロワイヤル橋を渡って左岸に戻り、オルセー美術館の入り口に回ると、半端じゃない人の行列で、今日の入場は諦めました。

　だってあのルーブルよりも大勢の人が切符を買おうと並んでいて、本来であれば優先的に入れるはずの窓口でさえ広場に並ぶだけでは間に合わず、奥の路地の方まで列を作っているのです。

　だからその日は、近くで演奏していたジャズを聴いて、幾ばくかのお金を置いてオルセーを離れました。明日は朝一で来るつもりですが、くれぐれも今夜は深酒をしないようにお願いします。

ベレー帽を買いたいのです

　横道を入ってくると、中華の総菜屋さんがありました。醤油ベースの美味しそうな匂いにつられて店に入り、チャーハン、牛肉野菜炒め、ブロッコリー3品を選んで100グラムづつ注文したのに、プラスチックケースにめいっぱい詰めてしまうのです。

　韓国系のオヤジは愛想を言いながら、やることが実にえげつないのです。本来であれば断固として量を減らさせるのですが、なにしろ二日酔いのていたらく、それを持って二階に上がり、今日初めてのちゃんとした食事に臨みます。

　チャーハンだけでも食べきれないほどの量があるのですから、よっぽどテイクアウトしようとも思いましたが、サンジェルマンデプレを食べ残しの袋をさげて散策するのもあまりにも間が抜けていると考えて、もったいないけど残してしまいました。

　もったいないといえば、バトビュスもあと半周くらいは乗らないと元が取れないのですが、せっかくサンジェルマン通りまで来たのだから、ゆっくりいたしましょう。

　古びた教会の前にカフェがあったので、休憩がてら座りましたが、あとからそこが有名なレ・ドゥ・マー

ゴだったと知りました。道理でギャルソンが、プライドを持って仕事をてきぱきこなしているわけです。

　ギャルソンといえば、パリのギャルソンがみんなハンサムで、男の私でさえも胸キュンになるほどの男前なのですが、これはクレイジーホースのK嬢も同意見だったので、かなり公平な見方でしょう。

　トイレを借りて出てきたところに、渋い系のマネージャーがいたので話しかけました。

「私のベレー帽が古くなったので、新しいのを買いたいのだが、この界隈に帽子屋さんはありませんか？」と文法なんかを無視して尋ねると、ちゃんと意味が通じました。

　そして彼が答えるには、「この近くには帽子屋はないから、グランマガザンに行くのがよいだろう、たとえばプランタンやボンマルシェなど‥‥」

「ギャルリー・ラファイエットにもあるでしょうか」

「セ、ボンマルシェ」

　こうしてパリ滞在中にどうしても行かなければならない場所に、ギャルリーラファイエットが追加されることになりました。

　レ・ドゥ・マーゴのコーヒーとチョコで元気百倍、メトロ入り口で路線図を眺めながら、次はどこに行こうか検討します。もう午後も遅く、二日酔いもだいぶ治まってきたのでネオンが恋しくなるとは、懲りない

人ですねえ。

　予定表の中で、まだこなしていない場所は多いのですが、今日じゃないと行けそうもないところが一カ所だけあって、それがエロチシズム博物館でした。

　ムーランルージュのあるピガール界隈ですから、昨日に続いてのピンクゾーン突入ですが、これも取材だから仕方ありません。

「大きな声を出すな」

　ピガールで降りてムーランルージュ方向にクリシー通りを歩いて行くと、嬉しくなってしまうほどのおピンク情景で、危ないったらありゃしません。セクシーショップとストリップ小屋、そしてエロ映画館が並んでいて、例によって客引きがまとわりついてきます。

　私は二日酔いながらもしらふですから、そんなのに引っかかるわけもなく、ミュゼー・エロチシズムに着きました。10ユーロの入場料は安くありませんが、ここでしか見られないお宝もあるでしょうし、取材ですから仕方なく入りました。

　結論から言えば、10ユーロは高かったですね。それなりの収集物が揃ってはいますが、私の趣味には合いませんでした。どちらかといえば女子会のノリで、キャーキャー騒ぎながら見て回るのがいいかも知れま

せんが、春画を見てそのあまりのギャップに彼氏では
満足できなくなっても自己責任でお願いします。

　その後もいくつかの関門がありましたが、なんとか
ムーランルージュまでたどり着きました。実をいえば、
ナイトライフはこことキャバレーリド、そしてクレイ
ジーホースの3候補があったのですが、やはりブロン
ド娘の白いボディという魅力に負けてしまったのです。

　ここのカンカン踊りも有名ですが、クラシックな下
穿きでは生身の乳房には勝てないでしょう。けれども
私のようには生身好きでない、まじめな紳士淑女がそ
れなりに着飾ってショーの開始を待っていましたが、
善良な人もいるのですね。

　坂を少し登って、とある中華飯店に入りました。ど
こぞでは大ハズレでしたが、ここは大当たりで嬉しく
なってしまいました。

　嬉しくなってしまえば気も大きくなって、少し冒険
しようなんて気も出てきます。そこで客引きの中では
善良そうに見える、やり手婆が呼び込む店の前に立ち
ました。

　20ユーロを10ユーロにまけるから入れと必死の呼び
込みですが、こっちはとっくに入るつもりですからす
んなりと入場します。

　怪しげなカーテンのこっちは別世界、小さなステー
ジを取り囲むようにテーブルがあり、お客は私ひとり

で妖しさはいや増します。急に大音量でロックが流れ
ると、ひとりの女性がステージに上がりました。

　キャミソールにホットパンツ姿の彼女は、ポールに
つかまって回転しながら脱いでいきます。まず上を脱
いだのですが、その乳房の大きさにたまげました。小
玉スイカというか夕張メロンというか、とにかくそん
な巨乳がふたつ突きだして、しかも上を向いているの
です。

　普通だったらせいぜい半球体くらいのボリュームの
ところ、彼女の所持する乳房は3分の2球体ほどもあっ
て、ものすごいのです。

　けれども自称『乳房評論家』の私がすぐに喝破した
のは、それは本物ではなく、シリコン注入によるかさ
上げパイオツだということです。詳しい見分け方は省
きますが、とにかく本物とは違うということは見破り
ました。

　天然自然に悩ましいクレイジーホース乳房を見てき
た翌日ですから、偽物というには惜しいボリューム満
点のおっぱいではそそられないのです。そうなればあ
との楽しみはもう一カ所に限定されますが、こちらは
脱ぎそうで脱がなそうで、結局は最後までホットパン
ツは中途半端にヒップにまとわりついたままだったの
でした。

　一曲終われば、後方のスタッフから拍手が起こりま

したから、私もおざなりに手をたたきました。すると
彼女はステージから降りて、あとはなにも起こらない
のです。

　呼び込みの話では1時間たっぷり遊べますというこ
とだったので、座ったままでいました。ああ、私はな
にを期待して待っているのでしょうか。

　せめてもうひとりくらいは踊るのだろうと思ってい
ると、さっきの踊り子さんがスケスケ服を着て隣に座
りましたが、その手にはちゃっかりとジュースのコッ
プが。

　こんな時の対応に慣れているというのは、あまり自
慢にもなりませんが、私は隣に座ったホステスさんに
飲み物をねだられてもやんわりと断わる達人なのです。

　だから一所懸命に「ウイ」といわせようとする彼女
を、のらりくらりとかわしまくっていましたら、その
うちに諦めて行ってしまったのです。

　こう書くといかにも簡単そうですが、実際の攻防は
もっと緊迫していたのです。なにしろ小玉スイカを押
し当てそうなまでの近距離で、あっちの方へ行ってニャ
ンニャンするのは100ユーロで、おさわりしながらの
ダンスだと50ユーロですなどと、片言の英語を交ぜな
がら懸命に誘惑してくるのですから負けそうです。

　それでも我慢して、蠱惑の薄衣半裸体にタッチもし
なかったのは、やはりシリコン入りの乳房に幻滅して

いたからで、あれで天然物だったらどうなっていたでしょうか。

　ともかくなんとか撃退したら、今度は太っちょマネージャーから呼ばれました。そこでカウンターに行くと、男が紙に数字を書くのです。

　最初に4の字が見えましたから、40ユーロなら仕方ないかと思っていると、もうひとつゼロを書き足すではありませんか。並の人間ならここで「高いよ」とか「そんなに手持ちがないよ」とかの反応になるのですが、こんな場面はいくつもくぐり抜けてきた私の第一声は違います。

「払わない！」と英語で言ったなり、あとはそっぽを向いて腕組みをしたのです。するとあっちも商売ですから、いろいろと脅し文句を言ってくるわけです。

　なにしろ従業員の給料が私から巻き上げる金額にかかってくるのですから、さっきの踊り子さんたちもこわごわとスタッフを応援するわけで、孤軍奮闘の形勢には変わりないのです。

　ビッグなガードマンを呼ぶとかいうので、こちらもアンバシーとかツーリストポリスとか適当に対抗し、あとは腕組みそっぽ向き作戦です。

　こんなやりとりが10分も続けば、たいがい折れてくるのは向こうに決まっています。なにしろこっちは暇を持てあましているのだし、このやりとり自体がおも

しろい記事になるわけですから、いつまで相手をしていてもいっこうに構わないわけですが、お店側の事情にすれば違います。

　こうしている間にもやり手婆が懸命にうそをついて客を呼び込んでいるわけですし、せっかく連れ込んだ客が、カウンターで日本人と店側でもめているのを見れば、入るのを躊躇するに決まっているからです。

　それでなくても引っかかる観光客やおのぼりさんが少ないところに持ってきて、入り口でもめ事を見られるのは絶対に避けたい店側が、金額を半分に下げてきました。それなら、最初の400はなんだったのかということですが、今度はちゃんとした数字だからメニューを見せます。

　ショーの見物料が100ユーロで、これはちょっと高いと思うものの納得できます。そして次に指し示したのが踊り子さんのドリンク代で、ジュース一杯が100ユーロなのです。ここでさっきののらりくらり作戦が効果を発揮するわけで、私は思わず大声を張り上げて抗議しました。

「ドリンクを飲んでいいなんてひと言も言ってないし、そのジュースは飲まずに彼女がまだ持っているじゃないか。10ユーロで1時間遊べると言ったのに、まだ30分じゃないか。それに下も脱ぐといったのに穿いたままだし、そんな金は絶対に払わないよ」

もちろんこんな主張をフランス語で述べるほどの語学力はありませんから、日本語です。日本語ならいくらでもしゃべれますから、勢いづいてさらに大声になると、むくみ太っちょがあわてて「大きな声を出すな」

　それはそうでしょう、道路から数メートルしか入っていないのですから、中でもめているのは通行人に筒抜けなわけで、太っちょマネージャーの弱気を見破ればもう勝負は決したも同然です。あんなぼったくり店でも、当局の許可はもらっているはずで、観光客と問題を起こして免許を剥奪されるのが怖いに決まっています。

「アイネバーセイイエス、ノーペイドリンク、アイコールツーリストポリス」とかなんとか、めちゃめちゃなことを言いますと、むこうが遂に折れました。

「ショー代の100ユーロだけ払ってください」というニュアンスになりましたから、私は財布から悠々と100ユーロ紙幣を取り出して帰ってきました。ああ、怖かった。

　これは私が実際に体験したことで、どう事態が転んでも自己責任という自覚がありますから、多少は腹も据えていられましたが、他の人には勧められません。というのも、ちょっとでも弱気なところを見せれば値下げしてこないし、第一あのシチュエーションで手を出さずにいられる人がいるわけがないと思うからです。

　私は清廉潔白、手も握らなかったから値切り交渉が

うまくいったわけで、おさわりとかおにぎりとかして
しまったら、むこうの言い値を払うしかありません。
くれぐれも、スケベごころはほどほどにと、自戒を込
めて言っておきましょう。

　それでも本場のあぶない超巨乳ストリップを、どう
しても見たいという御仁はいますか。それなら本気で
指導しますが、この指南書通りにできないのであれば、
やめておいた方が無難です。

　かなり胆力があり、乱闘になっても自分の身は最低
限守れるだけの武術や格闘術はマスターしていて、し
かも追いかけっこになっても逃げおおせる脚力がある
人だけ実行してください。

　私の見たところ、クリシー通りに面してストリップ
小屋は5軒くらいありそうでした。多分どこも同じよ
うなシステムでしょうから、どこに入っても同じよう
にもめるのでしょうが、お勧めは外見とは違って意外
と小心者のマネージャーがいるムーランルージュのほ
ぼとなりの店です。

　呼び込みがうまいことを言ってきますが、そこでの
10や20の掛け合いは何の意味もないので、ずいっと奥
に進みますが、カーテンをくぐる手前あたりで一旦停
止をする必要があります。もうおわかりでしょうが、
ここでショー代を確認しなければ、あとでいくら請求
されても払うしかないわけで、これは省いてはなりま

せぬ。

　店側はすぐに店内に入れようとしますが、頑として
メニューを見せろと言い張り、どうしても見せないの
なら外に出てしまいましょう。ショー代の確認作業が
この作戦の肝ですから、見せてもらえないのなら他に
行くだけです。

　メニューを見てショー代を確認したら、案内されて
席に座ります。この時にマスターかバーテンが揉み手
をしながら飲み物の注文を聞きに来ますから、ショー
代に含まれているのを確かめてからソフトドリンクを
頼みます。アルコールは別料金である確率が高いので、
コーラかなにかにしておいた方が無難でしょう。

　音楽と共にショーが始まりますから、ともあれ自称
パリジェンヌの裸体を満喫し、ショーが終わったらすぐ
に立ち上がって外に出ます。これで文句なしに、ショー
代だけで出てくることができるはずで、それでも吹っ
かけてくることはないでしょう。

　このタイミングを逃して、隣に座った踊り子さんに
愛想を振りまいたりしてると、ドリンクを認めたとい
うことになりますし、ダンスなんかしたら料金がいく
らになるかわかりません。

　品行方正にストリップショーだけを純粋に楽しんだ
私でさえ400ユーロも吹っかけられたのですから、おし
りなんかさわった日には、それこそ天文学的料金にな

るのではないでしょうか。あぶく銭をパリで使い果たさなければならないとかの特殊事情の人以外は、やっぱりストリップ見学はやめておきましょうね。

それはさておき、私は「虎穴に入らずんば虎児を得ず」を実践して、こんな修羅場をくぐり抜けてきているのに、大手出版社から出ているガイドブックの書き手は「あぶない呼び込みにご注意を」のひと言ですからお気楽なものですね。それにしても、ああ、怖かった。

オルセー美術館はすごかった

翌朝一番で向かったオルセー美術館には、もう長い列ができていましたが、それでも前日に比べたらへでもないので並びました。オランジュリーで共通切符を買ってあるので、チケットを買わなくてもよいので気楽です。

開館時間になると順調に列が減っていって、ようやく大きな回転ドアを通って中に入れました。ルーブルほどではないにしても、広大な駅舎跡に膨大な作品を展示してある世界屈指の美術館ですから、効率的に見なければ時間がいくらあっても足りなそうです。

そこで理想的、かつ最高に感動的な見方をご紹介いたします。この通りじゃなくてもいいのですが、この通りなら感激もひとしおであると折り紙を付けておき

ましょう。

　まず館内に入ったら、すぐに上に上がってはいけません。ほとんどの人の流れにあらがって、とりあえず地上階のクールベ、ミレーの「落ち穂拾い」、ドラクロワ、マネなどを軽く鑑賞しながら突き当たりのエスカレーターに乗ります。心配になるくらい乗りかえていくと、三階に当たる最上階ですから、ゴーギャン、スーラ、ドガ、セザンヌなどをゆっくりと見ていきましょう。

　作家別に割り振られた部屋には、それこそ教科書に出てくるような有名な絵画が、これでもかというくらいに飾られていて、その迫力に圧倒されます。芸術の楽しみ方は個々人で違うのですから、どんな風に鑑賞してもよいのですが、これだけはおさえておきたいという絵はあります。

　自分の趣味を押し売りするつもりはありませんが、私の場合「日傘の女」「草上の昼食」「睡蓮」などがよいと感じましたが、圧巻はなんと言っても「ムーランドラギャレットの舞踏会」でしょうか。部屋の中央にソファがあるのも嬉しく、心ゆくまで鑑賞させてもらいました。

　そして後ろの方から通ってきた人への最後のプレゼントが、第一室に用意してあるのでして、そこには印象派の作品がきら星のごとくに展示してあるのです。

ここを最初に通ってしまうとあとの感激が薄まってし
まうだろうというのは、容易に推察されるわけで、だ
から逆コースをお勧めしたのです。

　中階の見所は彫刻群で、これまたすごいのです。ロ
ダンが多いのですが、私が注目したのは「弓を引くヘ
ラクレス」でした。教科書にも出てくる有名な彫刻作
品ですが、ここではフロアーに展示してあるので、後
ろに回ることもできるのです。

　写真では前しか見られないヘラクレスの背後に回っ
てみると、おしりも丸見えですし、当然ながら前に付
属しているパーツも裏側から眺めるという具合になる
のでして、そんな趣味の人にはたまらないアングルで
しょう。

　帰国してから、上野の西洋美術館でも見ましたが、
ディテールが随分と違っているような印象で、やはり
本場の方がエキサイティングだと感じました。

　本当は一日中でもいたかったのですが、出発日でも
あり、他にも見なければならない場所がいくつかある
ので、後ろ髪を引かれる思いでオルセーをあとにしま
した。

　次にメトロを降りたのはやはりピガールで、あのや
り手婆にイヤミを言ってやりましたが、通じたのかど
うかケロッとしていました。

　ゆるい坂を登っていくと、アメリのカフェはすぐわ

かりました。レ・ドウ・ムーランに入ってお昼ご飯を食べましたが、なにしろ映画で有名になったカフェですから、ひっきりなしに観光客が訪れるのです。中には図々しく店内まで入って、なにも注文せずに写真や動画だけ撮って帰ってしまう猛者もいますが、あれも有名税でしょうか。

映画の中ではたばこ売り場になっていたのがカウンターの延長だとか、アメリがメニューを書いたガラスが実際にはないなどの発見がある中で、私が座った席があのイヤミな録音男と同じだったのは嬉しくなかったです。

丘の上の風車、モンマルトル特有のうねった石畳の坂道などを見て上まで行くと、いきなりテルトル広場に出ましたが、あまりの変わりようにぎゃふんとなりました。

以前の広場はだだっ広いだけで、そこに思い思いに絵描きさんが画架を立てて似顔絵や風景画を描いていたのですが、今はレストランが真ん中のいい場所を占領してしまい、絵描きさんたちが肩身の狭そうな様子で商売をしているのです。

もっとも私が知っているのは40年も前の情景で、時代によって変貌を遂げるのは致し方ないことでしょうが、テルトル広場だけは変わらずにいて欲しかったですね。

　それにあんなにゴミゴミしたんじゃ、名物の寄って
たかって財布をすっていく子ども集団も仕事がやりに
くいだろうし、私もせっかく動画の隠し撮りをしよう
としていたのに拍子抜けでした。

　実は私は、サクレクール寺院の中にまで入るのは初
めてなのです。若い頃は妙に禅にこっていて、キリス
ト教会に入るのに抵抗感があったのですが、これだけ
眠いのでは背に腹は代えられません。壮大な薔薇窓か
ら厳粛な光が降り注ぐ教会の、最前列外側の椅子にか
けて、しばしのお昼寝をしてしまいました。ごめんな
さい。

　外に出ればふたたびアメリの世界が展開していまし
たが、そんな感傷を根こそぎ吹き飛ばしてくれたのが
移民系の人たちによる、無理やりミサンガ結び後豹変
寄付強要集団の出現でした。

　話には聞いていたのですが、まさかこれほど大規模
かつ大胆にやっているとは思わず、びっくりしてしま
いました。そしてひそかにカメラの動画スイッチを入
れた私は、例によって腕組みポーズレンズだけ覗かせ
体勢で彼らを観察したのです。

　サクレクール寺院には正面の石段を登るのですが、
最初にふたつに分かれる上がり口には各6人、上から
降りてくる広い通路には10人以上が道をふさいでいて、
それぞれに獲物を狙っているのだから大変です。

彼らは手に手に紐状のミサンガをさげていますが、完成品をぶらぶらさせている人の他に、まったく未完成のものを手にしている人もいます。

　バラバラの紐状態を持っている人は達人でして、カモの目の前で見る間にミサンガを作り上げてしまうのです。とは言っても、彼らは基本的に詐欺と恐喝犯であることには違いなく、表面的なにこにこ顔にだまされないようにしましょう。

　石段下のカーブ石に腰掛けてそっぽを向き、レンズだけを向けている私の眼前で、韓国の学生が網にかかりました。ふたり連れのふたりとも紐の端を持たされ、訳もわからぬうちに早業でミサンガが編み込まれて腕に付けられたのです。その間、ものの40秒くらいしかかかっていないのですから、なにも知らぬふたりは驚きよろこぶばかり。

　作業が終わると、人が入れ替わって「マネーマネー」というのです。もちろん話が見えていない彼らはきょとんとするばかりですが、そのうちに取り囲む人数が増えてきて、さすがにただならぬ事態だとわかったようです。

　取り囲んだ連中は「マネーマネー」しか言わないのですが、段々と顔つきが怖くなってきますから、逃げ出すわけにもいかずに、韓国学生は不承不承にコインを手のひらにのせて出しました。するとそのうちの何

枚かを取り上げた彼らは、かき消すように散ってしまい、あとには呆然とするふたりが取り残されるばかりですが、その腕にはおニューのミサンガが輝いていました。

　韓国にはこんな詐欺まがいの行為が流行っているから、注意しろという通達なんかが流れていないのでしょうか、ともかく彼らは憤慨していましたが、被害額がそれほどでもなかったらしいのは不幸中の幸いで、コインを出したからよかったのです。あれでユーロ札でも見せたら、一体いくら盗られてしまったことでしょうか。

　どきどきしながらそんな情景を盗み撮りしていましたが、いつこちらに危険が及ぶかも知れないというのは、全体の状況を把握している人間がいるに違いないからです。こんな詐欺まがいの行為が社会的に許されるわけはなく、当局も取り締まりをしたいと考えているはずですから、抜き打ち的に手入れが入る可能性は大きいのでしょう。

　作業担当と恐喝係は分業制で仕事にのめり込んでいますから、彼らを含む全体を見渡しているボスみたいなのは絶対にいるわけで、階段下でじっと腕組みをして動かずにいる私がおかしく見えないはずはないのです。

　だから私は立ち上がり、折良く通りかかったヨーロッパ系の人たちに混じって危険ラインを突破してきまし

た。アメリにもでていた回転木馬の影に隠れて確認すると、あんなに苦心したのに動画が撮れていないのです。知らぬ間に力が入っていたらしく、スイッチを変なところで押してしまったのでしょう、まったくあの迷惑行為が写っていないのです。

　私が危険を冒してまで、スリや詐欺行為を動画に撮ろうとしているのは、この本の付録としてDVDを付けるかも知れないからで、これにはがっかりしてしまいました。

　よっぽど引き返して、改めて盗み撮りを、とも思ったのですが、あの危険ラインをふたたび突破しなければならないし、同じ人間が行ったり来たりするのも警戒されるだろうと考えて断念しました。

　なにしろ今夜には帰国便に乗らなければいけないので、いざこざに巻き込まれるわけにはいかないのです。それでもじっくり観察したおかげで、必殺防衛術は見つけました。それは腕組みをして、絶対に手先を見せないことです。そして足早に彼らの間を斜めにすり抜けて、決して相手をしないことです。そうすれば腕組みを無理にほどいてまでミサンガの端っこを持たせないでしょうから、被害に遭わずにすむでしょう。

　お土産屋さんが並んだ通りでも、いかがわしいボール賭博をやってました。パリのあちこちで見られるのですが、三つのカップを移動させて、ボールがどこに

残っているかを当てる単純な賭博です。

やり方は単純ですが、やってる方は必死で、こっちだと指さしたカモさんがお金を出しているわずかな隙を盗んでボールを移してしまうのです。だから自信たっぷりで開けたカップの下にはボールはなくて、まんまとお金をとられてしまいます。

そんな様子を回りのみんなが見ているのだから、その裏をかけばよいだけなのに、引っかかる奴が後を絶たないのでして、見かけほどにはシンプルではなく、サクラなんかも使ってうまく運用しているのでしょう。

おもしろ半分にやってみようかなんて考えは、起こさない方がよいでしょう。なぜならうまく儲けたとしても、後をつけられて脅される可能性もあるし、巻き上げられる確率の方が高いのです。

だって考えてもご覧なさい、彼らはあれで生計を立てているのですから、勝ったり負けたりしながらも最終的にはもうけを上げているわけで、君子危うきに近寄らずの計でいきましょう。

ベレー帽を買います

最後の最後にサクレクール寺院を訪れ、詐欺や賭博の現場をかいくぐり、ホテルの部屋に帰ってきたのは遅くない午後でした。預けていた荷物を受け取り、メ

トロで旧オペラ座に出た私は、空港行きのバス停を確かめておいて、デパートに行きました。

旅行前から買いたかったベレー帽を求めて、ギャルリー・ラファイエットにやって来た私は、中国人の爆買いパワーを見せつけられる羽目となりました。

一階にはブランドショップや宝石店などが入っているのですが、そんな高級店が入場制限をしていて、何組もの人たちが順番を待っているのです。中国系とわかる人が多いのですが、それは彼らの話し声が大きいからです。

どこの国を訪れても遠慮しない彼らは、どんな場面でも大声でしゃべりまくるのでして、あれは国民性でどうしようもないのでしょうね。

入場制限されるということは、中の人が思いきり爆買いしているということであって、あの日のあのフロアーではいくらの売り上げがあったのでしょうか。そんな自分には関係ない事柄までもが思いやられる、ギャルリー・ラファイエット風景でした。

入り口近くに手頃なベレー帽が手頃な値段で売られてましたが、残念なことに女性用なのです。そこでとなりの男性館に行きましたが、同じようなものが値段が3倍からするのです。

おしゃれに金をかける歳でもないので、また元のところに戻って黒の女性用ベレー帽を買いました。少し

サイズが小さいというだけで、こんなのは引っ張れば
伸びるのです。そしてツバ部分がとても広いデザイン
で、ちょっとトウキョウにもない代物であるのも気に
入りました。

　帽子チェックで気づかなかったのですが、ここの中
央ホールがガラスのドームになっていて、3階までが
吹き抜けになっていて、ものすごい豪華さなのです。

　上の方から一階を見下ろすと、ブランド名があちこ
ちに誇らしげに書かれていて、そのいずれも入場待ち
の人が列を作っています。ブランド品も宝飾品にも縁
のない私は、屋上に上ってパリの町並みを堪能します。

　赤茶けた屋根からいっぱいの煙突が突きだしていて、
それがとてもパリ風なのです。カメラのコマーシャル
で出てきたオペラ座の屋根がすぐ近くで、まばゆいほ
どの金色に輝いています。もうこれで本当にパリも最
後だと思うと、ぐぐぐっと感動がこみ上げてきて、思
わず空腹感も覚えてしまいました。

　我が国でいうところのフードコートもあって、種類
も豊富で値段もお手頃ですから、高級フランス料理ば
かりで飽きた人はご利用ください。

これでもか、これでもか

　来た時と同じようにトロリーバスで空港に向かいま

したが、乗っていてはたと困ったのが、一体私はどこでバスを降りたらよいのだろうかということでした。

来た時には気づかなかったのですが、シャルルドゴール空港には国際線乗り場だけでもいっぱいあって、肌身離さず持っていたeチケットにはバス降り場が書かれていないのです。

するとアフリカ系の人が流暢な日本語で話しかけてくれ、親切に教えてくれたホールが出発ターミナルでした。ああ、よかった。

出発までは随分と時間があるので、余裕を持ってチェックインをしますが、機械相手のまどろっこしいこと、機械を2度ほどチェンジしてようやく手続きできました。

席は窓側の真ん中で、他の空席を当たるといずれも窮屈そうなところばかりでそのままにしましたが、あとで2等席の始まる一番前にすればよかったと後悔しました。前が壁になっている席は、いくらか足が楽そうだからですが、次回はもっと研究しておきましょう。

パリのパサージュにも見残しがあるし、ルーブルのサモトラケのニケも見られなかったし、バトビュスも半周しか乗ってないし、オンフルールにもエトルタにも行けなかった今回の旅でしたが、それでも満足感は半端でなく大きなものがあります。今度行く時は、是非ともご招待でお願いしたいものです。そしてファー

ストクラスでなくとも、せめてビジネスには乗せてもらいたいですね、って、いったい誰にお願いしている私なのでしょうか。

　お土産を探しますが、マカロンくらいしかないのです。だから箱詰めしてもらおうと待っていたのですが、かの国の人があれもこれもと延々買い物を続けていて、店員さんが付きっきりなのです。面倒だから買わずに来てしまいましたが、マカロンて日本でも買えるのでしょうか。

　コインの小銭がたまったので、例の手で錬金術をしようとしたら、さすがに空港の自動販売機はプライドが高くて、1セントとか5セントなんて半端銭を相手にしてはくれないのです。

　中途半端に空腹なのですが、飛行機ですぐに夕食が出されるのがわかっているので軽く食べようとして、かなりヘビーな食事になってしまいました。ちゃんとしたレストランで軽食ですませるには、あまりにも語学力が不足している筆者なのでした。

　羽田空港と混乱して、レストラン街を探したり、展望屋上に出ようとしたりして、かなりのボケを演じてしまった私は、早めに出発ロビーに行こうと税関検査に臨みましたが、そこでもいやなものを見せられたのです。

　私の前にいる中国人家族が、水筒の水をいつまでも

飲んでいるのです。もう税関ですから、どうするのか見ていると、母親がそれを持って列を離れ、あろう事か空港備え付けのゴミ箱透明袋の中に水をぶちまけているではありませんか。

　さすがに見とがめた税関職員が強い口調で母親をたしなめますが、こんな時の中国人は強いのなんのって、平気の平左、何か悪いことでもしましたかってな調子でうそぶいています。これ以上詰問すると、「中国語でここに水を捨てるなと書いてない方が悪い」とでも反論するのだろうと考えていると、税関職員が肩をすくめていましたから、やっぱり彼らも半ば投げちゃっているのでしょう。

　中国籍の人たちのあきれた行状は、いくらなんでもこれが最後かと思いましたが、羽田では私自身が巻き込まれてしまうとは‥‥。

　行きも帰りも、飛行時間はさほど違わないのでしょうが、帰り便がやたらに時間がかかったように感じられたのは、窓からの景色が見られなかったせいと、両側を挟まれていたからでしょうか。ともあれ、今度行くことになったら、絶対ビジネスにするぞとの意を強くして、羽田に降り立った私だったのです。

　ほぼ2週間ぶりの日本の暑いこと、むしむしと肌にまとわりつくような暑気に耐えきれず、トイレに入って着替えをしました。アンダーシャツを替え、むこう

では着る機会のなかった半袖シャツを着れば、持っていった荷物は全部有効に使ったことになりました。

使わなかったのは、唯一ホイッスルだけですが、これはむしろラッキーだったというべきでしょう。

ラッキーでなかったのは、トイレのドアが開いてしまいそうな勢いで揺さぶられたからで、ロックされているドアをこんな風に扱うのはかの国の人に決まってますから言ってやりました。

「ちょっと待て」すると外側の奴は、早く出ろくらいのことを怒鳴るのです。なんと無礼で非常識な人種だと頭にきたから「まだ2分しか入ってない」と言い返すと、ようやくぶつぶつ言いながら去りましたが、このやりとりが何語で行われたかは、説明しなくてもおわかりですよね。

ラッキーが続いている

帰国翌日は、家にたまっていた洗濯物を洗ったり、仕事を片付けたりと活躍して、自分もけっこう若いなあと自画自賛していたのですが、2日目はいけませんでした。なにしろ寝床から起き上がれないのでして、目覚めてはうつらうつらを繰り返している内に夕方になってしまいました。もうなにもする気がなく、近所の赤提灯に繰り出しました。

はんぺんバター焼き、鳥つくね、もつ煮込みなどで
いっぱい引っかけていますと、パリのニュースをやっ
ていました。それによると離仏2日後のパリでは、最
高気温が40度近くまで上がったそうで、本当に私がい
る時ではなくてラッキーだったと思いましたよ。

　だって冷房のない狭っ苦しい部屋で39.7度なんて、
考えても暑っ苦しいじゃありませんか。日本とは計り
方が違うのでしょうが、それにしても暑いことには変
わりなく、冷たいレモンハイをいただきながら、本当
にラッキーだったとよろこびに浸りました。

　今回の旅はラッキーの連続で、満足感でいっぱいで
す。あぶない場面もありましたが、それは自分から飛
び込んでいったような側面もあって、むしろそんなこ
とを本で発表できるという点も嬉しいのです。

　この年齢になって、自分のメッセージを発信する場
が提供されていることもラッキーです。今までの例か
らいっても、この本がベストセラーになるとは思えま
せんが、それなりの反響を呼んで、年配者の刺激とな
ればこの上ないよろこびです。

　シニアという表現がいいのかどうかわかりませんが、
ともかく還暦・喜寿・米寿などを過ぎ、いつまでも元
気に歩けたり、他の手段でも行動範囲が広かったりす
る人は、こぞって海外プチ滞在に出かけましょう。た
だ年配者ならではのトラブルがあるのは確かで、その

手口と対処法は調べておく必要があります。

　人間というのはのんきにできていて、自分だけはトラブルに遭遇しないと思い込んで行動する動物ですが、確率から言えばそんなに安穏とは構えていられないわけで、対処法をよくよく研究した上でお出かけください。きっと、楽しいプチ滞在体験になるでしょう。

　ご参考までに情報提供しますが、この本の姉妹版とでもいうべき「シニア向け　海外旅行リスクヘッジ術」には、たくさんのプチ滞在トラブル実例と対処法が満載されていますから、ぜひお読みください。

ラッキーが続いている　パート2

　ラッキーという言葉を使うことすら憚られるような事件が、帰国して数ヶ月後のパリで発生しました。今回は現場となった場所を訪れてはいないのですが、すぐ近くをのんきに散歩していたわけで、とても他人事だとは思えないのです。被害に遭われた方と同じようにカフェで憩っていたりもしていたのであって、今更のようにテロの恐怖を再認識することになりました。

　リスクヘッジということであれば、外国の諸都市を訪れないという対策が究極のものになりますが、日本にいても安穏とはしていられない時代になりました。アメリカほどには銃が行き渡っていない我が国でも、

それなりの数は出回っているでしょうし、そんな団体の抗争のとばっちりを受けて弾に当たることもあるかも知れません。

それではテロの襲撃を受けたときには、抵抗もせずに蜂の巣にならなければならないのでしょうか。その答えはノーであって、それなりの対応策を考えてみましょう。

とりあえず自分が今、どこにいても、テロ集団の襲撃を受けるかも知れないという意識を持つことが必要です。なにも考えずに、平和で安全でハッピーなままに帰国できると思いたいでしょうが、これからの諸外国は物騒だと考えておいた方がよいのです。

パリでもロンドンでも、世界中のどの場所でもテロを起こすと宣言している狂気の集団の他にも、個人的にやけっぱちになっている奴なんかもいて、危なくてしょうがないのですが、襲撃されるならばどの方向から襲ってくるかを予想しておくと、必然的に逃げ道が見えてきます。そして今のところ取れるリスクヘッジ術としては、常に逃げ道を用意しておくくらいしかないのが実情かも知れません。

それでもなにも考えずに行動するよりは、格段に急なアクシデントに対応する能力は向上するはずですから、テロに限定せずに応用してください。

心の底からプチ滞在をエンジョイすると同時に、気

持ちの一割くらいは突発的な事態に備えておくくらい
がちょうどよいのではないでしょうか。

プチ滞在、どこでする？

プチ滞在、どこでする？

　特に定義はないのですが、連泊すれば、もう立派な
プチ滞在、という感覚でこの言葉を使っています。姉
妹本で長逗留や留学・移住について触れますから、こ
の項目では2連泊から一週間程度のお泊まりについて
述べてみたいと思います。

　ここにあげた宿泊施設はあくまでも目安であって、
他にもいっぱい検索すれば出てくるということは覚え
ておいてください。そして料金は、特別な日でなく、
おとなひとりが3泊するという条件で出したのですが、
あれから数年が経過していますし、大きな催しが開か
れるという点からも、金額を提示しない方が親切じゃ
ないかということになったので、最新の料金は各自で
ご確認ください。

　検索するのはどこの町でもよいのですが、行ったば
かりなのでパリを選びました。タイプ別にそれぞれ3
〜4施設をあげたのは、安い、中間、高いという基準
ですので、参考程度に考えてもらえばよいのです。

　大人ひとりが3泊の計算ですから、施設によっては
人数が多くなればなるほど安上がりになる場合もあり
ますし、最大で6人くらいまでお泊まりできるところ
もありますから、そこは実際のケースに合わせて再計

算してください。

　最初に紹介するのは、ジャンルとしてはB＆B（ベッド＆ブレックファスト）に属し、文字通りベッドと朝食を提供するところです。フランスの特殊事情として、シャンブルドートもありますが、その区別は渾然としていてわかりにくいのが実情です。どんな呼び方をするにしても、家庭的な雰囲気を醸すようなファミリーぐるみでの対応もあれば、フロントもなく泊まって朝食を食べるだけなんて味気ないところもあるようです。家庭的なふれ合いを求めるのなら、よく研究する必要あり。

★シャンブル ドート ラ メゾン イッポリト
(Chambres d'hôtes La Maison Hippolyte
27 rue Hippolyte Maindron, 14区　モンパルナス,
75014 パリ, フランス

・地下鉄へのアクセス良好
・ペルネティ：わずか徒歩5分！（375メートル）

　パリに位置するLa Maison Hippolyteは、エッフェル塔の景色を望む客室（無料Wi-Fi回線付）を提供しています。700m先の地下鉄Mouton-Duvernet駅からノートルダム大聖堂に直通

でアクセスできます。

　客室にはワードローブ、専用の入り口、専用バスルーム（バスタブ付）が備わっています。

　毎朝、朝食を提供しています。100m圏内にレストラン、食料品店が並んでいます。

　Ｂ＆Ｂからモンパルナス地区まで徒歩15分、リュクサンブール公園まで徒歩20分、モンスリー公園まで徒歩22分です。

　14区　モンパルナスは「記念碑」「博物館」「文化」に興味がある人におすすめ。

●ダブルルーム

　朝食込　￥要確認　1名／1泊につき€0.82の市税

　28m²　定員：1〜2名

　料金は、現地通貨　（€）で宿泊施設にお支払いいただきます。このページに表示されている金額は、予約申込み日の為替レートに基づいたJPY建ての参考価格ですので予めご注意ください。

・施設・設備　バスルーム　バスタブ　ヘアドライヤー
　シャワー　トイレ　無料バスルームアメニティ

・ベッドルーム　ワードローブクローゼット　アラーム時計

・眺望　シティービュー　ランドマークビュー

・キッチン　電気ポット・ケトル 洗濯機　清掃用品

・リビングエリア　デスク　シーティングエリア

・インターネット無料！

　客室にてWi-Fi（無線LAN）利用可：無料

・駐車場なし。

・一般　禁煙ルーム　エレベーター 専用エントランス

・カーペット　ウッドフロア・パーケットフロア　暖房　防音

・スタッフの対応言語　フランス語　英語　ドイツ語

・チェックイン 13：30 ～ 21：00
　チェックアウト 08：30 ～ 11：00

・キャンセル／前払い　キャンセルポリシーと前払いポリ
　シーは、部屋タイプによって異なります。予約の際は、
　部屋タイプごとに異なる予約条件をご確認ください。

・チャイルドポリシー／エキストラベッド
　お子様の宿泊可

・3歳未満のお子様1名
　ベビーベッド利用の追加料金は1名／1泊につき15EUR
　です。

・エキストラベッドの利用不可
　客室に追加可能なベビーベッド：1台
　追加料金は表示の客室料金合計に加算されていません。
　ホテルにて別途お支払いください。

・ペット　ペット宿泊不可。

・現金払いのみ　この宿泊施設では、現金でのお支払いの
　み受け付けています。クレジットカードは予約の保証の
　みに使用されます。
　事前に確認！　到着前に銀行振込、小切手、または

PayPal経由での事前支払いが必要です。手順について
B&Bより直接連絡があります。

・B&Bにはフロントはありません。到着予定時刻を事前に
　B&Bまでお知らせください。連絡先は予約確認書に記載
　されています。

★マイ オープン パリ（My Open Paris）
35 rue de Lyon, 12区　ベルシー , 75012 パリ,
フランス

・地下鉄へのアクセス良好
　リヨン駅：わずか徒歩6分！（446メートル）
　オペラ・バスティーユ：わずか徒歩5分！（350メートル）
　ルドリュ・ロラン駅：わずか徒歩6分！（489メートル）

　パリにある、My Open Parisはバスティーユ広場から徒歩9
分です。アンティーク調の家具や無料のWiFiが備わる自炊式
アパートメントとスタジオを提供しています。
　庭園の景色を望むアパートメントとスタジオには、ファン、
ウッドフロア、バスタブ付きバスルーム、スリッパ、ヘアドラ
イヤーが備わっています。一部の客室にはテレビ、ブルーレイ
プレーヤー、DVDプレーヤーが備わります。
　My Open Parisでは自炊を楽しめます。アパートメントとス
タジオには、簡易キッチン（コンロ、トースター、食器洗い機

付）、調理器具、電子レンジ、冷蔵庫が備わります。

　リヨン駅から徒歩6分、パリ植物園から徒歩13分の宿泊施設です。ノートルダム大聖堂から徒歩20分です。

　12区　ベルシーは「文化」「記念碑」「博物館」に興味がある人におすすめ。

特徴：パティオ　ガーデンビュー　無料WiFi（全室）
施設の周辺情報：Quinze-Vingts Hospital（250メートル）
スタッフの対応言語：日本語
スタッフが話す言語：中国語、韓国語、日本語、フランス語、英語

●スタンダードスタジオ
　客室サイズ：17m²　朝食込　¥要確認
　ベッドサイズ：ダブルベッド1台
　宿泊施設のポリシー電子レンジ、ダイニングエリア、ソファが備わります。
　客室設備：パティオ ガーデンビュー　テレビ　電話
　ラジオ　ケーブルチャンネル　エアコン　アイロン
　ファン　暖房
　サービス　荷物預かり　客室清掃サービス（毎日）
　チェックイン16：00からチェックアウト11：00まで
　チャイルドポリシー／エキストラベッド
　お子様の宿泊不可　エキストラベッドの利用不可

★Studios Paris Bed & Breakfast - Le jardin de Montmartre

rue Chappe, 18区　モンマルトル, 75018 パリ, フランス

・地下鉄へのアクセス良好

サクレ・クール：わずか徒歩5分！（362メートル）

テルトル広場：わずか徒歩4分！（263メートル）

フニクレール：わずか徒歩2分！（135メートル）

ピガール広場：わずか徒歩5分！（390メートル）

アベス：わずか徒歩3分！（221メートル）

アンベール：わずか徒歩3分！（246メートル）

ピガール：わずか徒歩5分！（368メートル）

Le Trianon：わずか徒歩3分！（183メートル）

18区　モンマルトルは「博物館」「建築物」「観光」に興味がある人におすすめ。

■ B&B：3部屋
● デラックス　ダブルルーム
定員：1 〜 2名

¥要確認　消費税／VAT10%　バスタブ　無料WiFi
朝食込
●スイート　テラス付
定員：1〜2名
¥要確認　消費税／VAT10%　30m²　テラス
バスタブ　ガーデン／シティービュー
無料WiFi
●Duplex with 2 Rooms
定員：1〜4名
¥要確認　消費税／VAT10%　66m²　シティービュー
バスタブ　無料WiFi

　一般的にプチ滞在するのは、やはりホテルが多いと思います。それこそパリには星の数ほどホテルがあって、選択するのに困るほどですが、前述した通りに立地条件から選ぶのがよさそうです。改めて紹介するのは安宿ふたつと、超高級ホテルふたつですから、中級ホテルがよければご自分でお探しください。

　オテルドゥロレーヌは本文にもある通り、私が実際に宿泊したプチホテルです。その時には最安値に近かったのですが、改めて検索すると空き部屋がなくて、値段を確かめることができませんでした。それでも安い方には違いなく（一泊55ユーロだった）なにより東駅西門から徒歩13秒が泣かせます。真夏を避けるならば、

おすすめです。

　執筆段階でのホテル最安値が、2番目のオテルドゥ
ポストで、安いだけあって環境は最悪に近いのではな
いでしょうか。ここには安い目安として載せただけで
あって、決しておすすめはいたしませんから、そのつ
もりで参考程度にしておいてください。

　おすすめといえば、超高級ホテルもおすすめしてい
る訳ではなく、こちらも料金でびっくりさせるだけが
目的ですから、やはり参考程度にしておいた方がよい
でしょう。

　中級ホテルはあげませんでしたが、それはいっぱい
あって、各自の滞在目的から選んだ方がよろしいと思っ
たからでして、決して手抜きではありません。

★オテル ドゥ ロレーヌ （Hôtel de Lorraine）
1つ星ホテル　3, Rue d'Alsace, 10区　レピュブリッ
ク, 75010 パリ

・地下鉄へのアクセス良好
　パリ北駅：わずか徒歩6分！（464メートル）
　パリ東駅：わずか徒歩2分！（99メートルと出ているが、お
そらく改札口までの距離と思われる。西門からなら18メート
ルくらい）
　シャトー・ドー駅：わずか徒歩6分！（471メートル）

シャトー・ランドン駅：わずか徒歩5分！（399メートル）

Le Manoir de Paris Haunted House：わずか徒歩5分！（339メートル）

パリ中心部の、東駅（Gare de l' Est）向かいに位置するホテルです。24時間対応のフロントデスク、無料のWi-Fi回線（公共エリア）を提供しています。

各客室にはテレビ、電話、専用バスルーム（ドライヤー付）、木製の家具が備わっています。全客室にエレベーターでアクセスできます。

Hôtel de Lorraineでは毎朝コンチネンタルブレックファーストを提供しており、客室で楽しむこともできます。

500m先のパリ北駅（Gare du Nord）からシャルルドゴール空港に直通でアクセスできます。活気あるモンマルトル地区へは徒歩20分です。

■ホテルの客室数：28
　パリのホテル1487軒中第1471位
　（宿泊者のクチコミ759,343件の評価）

★オテル ドゥ ラ ポスト
(Hotel De La Poste)
94 rue Riquet, 18区　モンマルトル, 75018 パリ,

・地下鉄へのアクセス良好

マルクス・ドルモワ：徒歩1分以内！（63メートル）

スタッフが優しい。従業員は親切。

地下鉄の駅からの距離（徒歩1〜2分）。ただし、駅はパリ中心部からは少し離れている。スーパー、中華料理屋などすぐ近所にある。

Hôtel de la Posteはパリ18区に位置し、活気あるモンマルトル地区からわずか1kmのロケーションにあります。

パリ北駅（Gare du Nord）駅からは1.2kmで、24時間対応のフロントを提供しています。

客室はカラフルな内装で、デスクが備わります。一部の客室は薄型テレビ付きです。専用バスルーム（シャワー付）が備わる客室、および共用バスルームを利用する客室を用意しています。

ホテルはサクレクール寺院から1.3km、東駅から1.6kmです。100m離れた地下鉄からピガール地区に直接アクセスできます。

■ホテルの客室数：28
　パリのホテル1487軒中第1422位（宿泊者のクチコミ759,343件の評価）

●シングルルーム
　共用バスルーム　¥要確認・朝食は別料金
　消費税／VAT10%
　1名／1泊につき€0.80のサービス料，€0.82の市税

★ナポレオン パリ（Napoleon Paris）
　5つ星ホテル
　40, avenue de Friedland, 08区　シャンゼリゼ,
　75008 パリ,

・地下鉄へのアクセス良好
　凱旋門：わずか徒歩3分！（227メートル）
　リド・ド・パリ：わずか徒歩4分！（329メートル）
　シャルル・ド・ゴール・エトワール広場：わずか徒歩3分
（238メートル）
　テルヌ広場：わずか徒歩6分！（443メートル）
　ジョルジュ V：わずか徒歩5分！（352メートル）
　テルヌ：わずか徒歩6分！（420メートル）

　凱旋門とシャンゼリゼ通りの徒歩圏にあるホテルで、個々に
装飾が施されたモダンで快適な客室を提供しています。
　Napoleon Parisの客室とスイートからは、静かなフリードラ
ンド通り、またはホテルの緑豊かな中庭を見渡せます。液晶テ
レビ、エアコン、上品な家具が備わり、モダンな大理石のバス

ルームにはバスタブ、拡大鏡、バスローブが付いています。

　有名な併設レストランBivouac Caféではグルメ料理を楽しめ、併設バーには噴水のある屋根付きテラスがあります。

　近くの地下鉄駅より、ビジネス地区ラ・デファンスへわずか数分でアクセス可能です。

　このエリアは絶好のショッピングスポットで、以下のような人気ブランドのお店があります。

・Cartier、H&M、Chanel、Burberry、Louis Vuitton

■ホテルの客室数：102
　パリのホテル1487軒中第391位（宿泊者のクチコミ759,343件の評価）
●クラシックルーム
　￥要確認　・朝食　￥3,963
　1名／1泊につき€3.30の市税
　エアコン　バスタブ　薄型テレビ　無料WiFi
　ベッドタイプ：ラージダブル1台もしくはシングル2台
　定員：2
●スーペリアルーム
　￥要確認　・朝食　￥3,963消費税／ VAT10%
　1名／1泊につき€3.30の市税.
　エアコン　バスタブ　薄型テレビ　無料WiFi
　ベッドタイプ：ラージダブル1台またはシングル2台
　定員：2

●スイート

　￥要確認　消費税／VAT10%

　1名／1泊€3.30の市税　44m²

　エアコン　バスタブ　無料WiFi

　ご希望のベッドタイプ：エクストララージダブル1台、

　ソファベッド1台またはシングル2台、ソファベッド1台

★マンダリン オリエンタル パリ
　（Mandarin Oriental, Paris）5つ星ホテル
251 rue Saint-Honoré, 01区　ルーブル, 75001 パ
リ, フランス

マドレーヌ広場：わずか徒歩6分！（445メートル）

ヴァンドーム広場：わずか徒歩3分！（223メートル）

オランピア劇場：わずか徒歩5分！（353メートル）

コンコルド：わずか徒歩5分！（372メートル）

マドレーヌ駅：わずか徒歩4分！（306メートル）

テュイルリー駅：わずか徒歩5分！（380メートル）

マドレーヌ寺院：わずか徒歩5分！（369メートル）

Mandarin Oriental, Parisは1930年代に建てられた歴史的な
建物を利用した宮殿ホテルで、パリ市内中心部に位置します。
オートクチュールと有名なファッションハウスに影響を受けた
ミニマルな内装が施され、美しい屋内庭園、900㎡のスパエリ

ア、ミシュラン2つ星を獲得したグルメレストランを併設しています。

　パリの優雅さと東洋の上品な雰囲気が融合したユニークな内装の客室とスイートには、紅茶／コーヒーメーカー、ストレート・ヘアアイロン、広々としたバスルームが備わります。一部のスイートにはテラスが付き、パリ市街のパノラマの景色を望めます。

　ホテルにはテラス付きのバーのほか、新鮮な食材を使用したシンプルな料理を終日楽しめるCamélia、5〜9コースのグルメ料理を提供するSur Mésure Restaurant by Thierry Marxの2軒のレストランも併設しています。館内にはカウンターでケーキを販売するパティセリー店もあります。

　2フロアにわたるスパ＆ウェルネスセンターには屋内プール、スチームルーム、スパスイート（専用スチームシャワー、更衣室付）が備わり、静かな環境の中で様々なMandarin Oriental Signature Guerlain® フェイシャル＆ボディトリートメントを楽しめます。

　フィットネスセンター、バレーサービス、コンシェルジュサービス、会議室とパーティー会場（専任スタッフあり）を提供し、ノートパソコン、PlayStation3®、子供用ハイチェア、DVDプレーヤーなどの追加アイテムも利用できます（リクエスト制）。

　Mandarin Oriental, Parisはエレガントなヴァンドーム広場から150mの理想的なロケーションで、チュイルリー庭園まで250m、有名なシャンゼリゼ通りまで徒歩わずか10分です。

　このエリアは絶好のショッピングスポットで、以下のような

人気ブランドのお店があります。

・Rolex、Cartier、Chanel、Louis Vuitton、Gucci

●デラックスルーム
　¥要確認　消費税／VAT10%
　1名／1泊につき€3.30の市税　定員：2
　42㎡　薄型テレビ　エアコン　防音　バスタブ
●スーペリアスイート
　¥要確認　消費税／VAT10%
　1名／1泊につき€3.30の市税　定員：2
　60㎡　ガーデンビュー　薄型テレビ　エアコン　防音
●テラススイート　¥要確認　消費税／VAT10%
　1名／1泊につき€3.30の市税　定員：2
　70㎡　ガーデンビュー テラス　薄型テレビ　エアコン

　2名までのお泊まりならホテルですが、それ以上の
グループになったら、断然アパートメントが有利でしょ
う。このタイプもたくさんあって、選ぶのに迷います
が、仲良しの度合いによって選択する必要があります。
　いつも鼻面を付き合わせていたいのならワンルーム
でもよいでしょうが、たまにはプライバシーなんてこ
とならそれなりの部屋割りにもなります。ひとり頭い
くらになるか計算すると、アパートメントはかなり割
安になるはずで、私の趣味でいくつかチョイスしてみ

ました。

　一番のおすすめはシャルルフロケで、窓からエッフェル塔が間近に望めるのですから、これ以上贅沢なお部屋は他にないでしょう。

★レ パティオ ドゥ マレー
(Les Patios du Marais)
26 rue des gravilliers, 03区　ル・マレ, 75003 パリ

地下鉄へのアクセス良好

アール・エ・メティエ駅：わずか徒歩2分　（125メートル）

ランビュトー駅：わずか徒歩4分！（330メートル）

レオミュール・セバストポル駅：わずか徒歩5分！（389メートル）

Les Patios du Maraisは、エレガントなスタイルのアパートメント／スタジオと花のあるパティオを提供しています。マレ地区の中心部、ポンピドゥーセンターから600mの歴史的な建物を利用したホテルで、一部の客室にはむき出しの梁や石の壁が備わります。

　階段でアクセスでき、共同庭園の景色が望めるLes Patios du Maraisのおのおの異なる内装の客室には、薄型ケーブルテレビ、DVDプレーヤーが備わります。

　キッチンと簡易キッチンは設備が整い、トースター、食器洗

い機、電子レンジなどがあります。いくつかのユニットには屋外用家具も備わります。

　レピュブリック広場から600m、ノートルダム大聖堂から徒歩20分、ヴォージュ広場まで徒歩17分の宿泊施設です。

■アパートメント：48ユニット
●1ベッドルーム
　アパートメント　C3G　スパイシーフォックス
　30m²　防音　薄型テレビ
　定員：1 〜 4名　￥要確認　税金10%

★レジドンス シャルルフロケ
（Résidence Charles Floquet）
8 avenue Charles Floquet, 07区　アンヴァリッド, 75007 パリ

エッフェル塔：わずか徒歩3分！（233メートル）
Champs de Mars：わずか徒歩4分！（330メートル）
ビラケイム：わずか徒歩6分！（424メートル）

　パリの中心部に位置するRésidence Charles Floquetはエッフェル塔に近く、軍事博物館から徒歩20分です。

　改装済みの歴史ある建物を利用した宿泊施設で、エッフェル

塔の景色を望む広々とした自炊式ユニットを提供しています。

　天井の高いRésidence Charles Floquetのアパートメントはエレガントな内装で、バルコニー、暖炉、無料Wi-Fi、衛星テレビ、ブルーレイプレーヤーが備わります。

　アパートメントには設備の整ったキッチン（食器洗い機、コーヒーメーカー、トースター付）があり、焼きたてのパン、フランス菓子、オレンジジュース、新鮮な牛乳入りの朝食キットをリクエストできます。

　各ユニットに洗濯機、タンブラー乾燥機が備わり、Résidence Charles Floquetから600m先の地下鉄ビラケム駅から凱旋門に直接アクセスできます。

　アパートメント（ベッドルーム　2／3室）（宿泊可能人数：4名〜5名）

●クラシック　2ベッドルーム　アパートメント
100m²　バルコニー付（眺望あり　薄型テレビ　防音バスタブ　無料WiFi
定員：1〜4名　￥要確認　消費税／VAT10%
1回のご滞在につき€85.00のサービス料
1名／1泊につき€0.82の市税
●クラシック　3ベッドルーム　アパートメント
110m²　バルコニー付（眺望あり）　薄型テレビ　防音バスタブ　無料WiFi　定員：1〜5名　￥要確認
消費税／VAT10%

1回のご滞在につき€85.00のサービス料
1名／1泊につき€0.82の市税

★アパルトマン ドーフィン ポン ヌフ (Appartement Dauphine Pont Neuf)
rue Dauphine, 06区サンジェルマン, 75006 パリ, フランス

ルーヴル美術館：わずか徒歩5分！（358メートル）

サント・シャペル：わずか徒歩4分！（330メートル）

Pont Neuf：わずか徒歩4分！（257メートル）

オデオン駅：わずか徒歩5分！（381メートル）

サン・ミシェル：わずか徒歩5分！（353メートル）

サン・ミシェル・ノートルダム：わずか徒歩6分！（465メートル）

ポンヌフ：わずか徒歩5分！（366メートル）

　パリ6区にあるAppartement Dauphine Pont Neufは、セーヌ川からわずか50m、ノートルダム大聖堂から徒歩10分に位置するモダンなアパートメントです。無料Wi-Fi回線、バルコニーを提供しています。

　アパートメントは白が基調の内装で、中二階にある部屋、広々としたリビングルーム（ソファベッド、衛星テレビ、暖炉付）、専用バスルーム（バスタブ、ヘアドライヤー付）が備わってい

ます。

　ダイニングエリアとキッチンには、便利なホットプレート、オーブン、冷蔵庫、電子レンジ、電気ポット、トースターが付いています。

　多くのバーやレストランが集まるサン・ミッシェルとサンジェルマン・デ・プレまで500m、PERサン・ミシェル・ノートルダム駅まで550mです。

●デュプレックス　アパートメント（大人6名）
70m²　バスタブ　無料WiFi　定員：1 〜 6名
￥要確認　1名／1泊につき€0.82の市税
1回のご滞在につき€50.00の清掃料金

　カップルで、あるいはグループでのプチ滞在を、半ばやっかみながらひとりで旅する人はかなりいるわけで、私もその中に入ります。快適さとプライバシーを求めるから料金は高くなるわけで、反対に言えばさして快適でもなく、プライバシーが守られない状況であれば宿泊料金は安くなる理屈です。

　そんなひとり滞在にピッタリなのがドミトリールームで、大部屋に2段ベッドが4つ並んでいる情景を想像してもらえば当たっているでしょう。

　ただし安全面では気をつかわなければならないし、いびきや寝言、夜遅くなっての帰りや酔っ払いのさわ

ぎなどに神経質な人は、とても眠れたものじゃありません
から、やめておいた方がよいでしょう。

★ピース＆ラブホステル
（Peace & Love Hostel）
245 Rue La Fayette, 10区　レピュブリック, 75010
パリ

・地下鉄へのアクセス良好
　ジョレス：わずか徒歩2分！（119メートル）
　ルイ・ブラン：わずか徒歩5分！（346メートル）

　Peace & Loveはパリのサン・マルタン運河を望むユースホ
ステルです。

　パブ、無料のWi-Fiインターネット回線を提供しています。

　客室はドミトリールームと個室から選べます。

　ほとんどの客室に二段ベッドが付いており、ダブルルームも
利用できます。シーツ、ベッドカバー、枕が用意されており、
タオルも利用可能です。

　ホステルは24時間営業で、テレビルーム、調理設備（オーブ
ン、電子レンジ、冷蔵庫付）、荷物預かり、セーフティボックス
が利用できます。敷地内に専用駐車場があります（有料）。

　テラス付きのパブでは、ビールやカクテル各種をハッピーア
ワー価格で楽しめます。スーパーマーケット、ベーカリー、コ

インランドリーが徒歩圏内にあります。

　地下鉄ジョレス駅まで130m、鉄道パリ北駅まで徒歩15分の便利なロケーションにあり、ビュット・ショーモン公園までは10分です。

> ■ホステル：18部屋
> ●ドミトリールーム
> 　男女共用　シングルベッド1台
> 　定員：1　¥要確認　消費税／VAT10%

★ザ ロフト ブティック ホステル (The Loft Boutique Hostel)

70 Rue Julien Lacroix, 20区　メニルモンタン, 75020 パリ, フランス

・地下鉄へのアクセス良好

　パリ20区の地下鉄ベルヴィル駅（2、11号線）からわずか500mの場所に位置するLoft Boutique Hostelは、無料Wi-Fiを提供しています。家具付きのテラスでバーのドリンクを楽しみながらリラックスできます。

　防音対策済みの客室とドミトリールームには、液晶テレビ、電話、バスルーム（シャワー、ヘアドライヤー付）が備わっています。一部の客室にはバルコニーが付いています。

　宿泊料金に毎日の朝食が含まれており、共用ラウンジで朝食を楽しめます。設備の整ったキッチンも利用できます。

　フロントデスクは24時間対応です。荷物預かり、無料の新聞を提供しています。ベルヴィル公園までわずか270mです。

●ドミトリールーム
　ベッド計8台のベッド1台
　定員：1　￥要確認　消費税／VAT10%
　1名／1泊につき€0.82の市税

★ル モンクレール モンマルトル
　ホステル＆バジェットホテル
　(Le Montclair Montmartre Hostel &
　Budget Hotel)
　62 Rue Ramey, 18区　モンマルトル, 75018 パリ,
　フランス

・地下鉄へのアクセス良好
　ジュル・ジョフラン：わずか徒歩2分！（110メートル）
　マルカデ・ポワッソニエール：わずか徒歩5分！（336メートル）
　サンプロン：わずか徒歩4分！（318メートル）

　パリの18区にあるLe Montclair Montmartreは、共用エリアでの無料Wi-Fi回線、ゲームルーム（テーブルサッカー付）を提

供しています。地下鉄ジュル・ジョフラン駅までわずか150m、モンマルトルまで700mです。

　Le Montclair Montmartreのドミトリールームは男女共用で、共用バスルーム（シャワー付）を利用できます。専用バスルーム付きの客室もあります。

　クロワッサン、バゲットを含むパリ式朝食（宿泊料金に込）を毎朝用意しており、数軒のレストランと食料品店まで200mです。

　フロントでは有料パソコン（インターネット回線付）4台、荷物預かり、無料セーフティボックスを提供しています。

■ホステル：52部屋
●ドミトリールーム
　男女共用　ベッド計10台のベッド1台
　定員：1　￥要確認　消費税／VAT10%
　1名／1泊につき€0.83の市税

　以上が著者の趣味でピックアップした、パリ限定の代表的なプチ滞在宿泊施設ですが、持ち主がバカンス中のアパルトマンが格安で借りられたり、本物のお城に泊まれたり、割と便利な場所にユースホステルがあったりと、探してみれば世界各国では実にさまざまなタイプがあります。

　今はもうないかも知れないけれど、以前のメキシコ

には部屋に数本の柱が立っているだけという安宿があ
りました。ベッドもないのに泊まれるのかと思うでしょ
うが、柱に頑丈なフックがいくつも取り付けられてい
て、旅人が持参しているハンモックをそこに引っかけ
て寝るのです。ここなどは随分と安い料金でしたが、
究極の安上がり滞在術は友達の部屋に転がり込むこと
でしょう。

　現地で知り合いになって友達にまでなれば、親切心
から泊めてもらえることもありますが、新たなトラブ
ルのもとになるかも知れません。それぞれのふところ
具合とも相談しながら、最適な場所を選んで、パリのみ
ならず世界各地で快適なプチ滞在をお楽しみください。

あとがき

　最後まで読んでくれて、ありがとう。この本はジャンルわけもできないくらいに、種々雑多な情報が入っていて、おそらく読者のみなさんも混乱したのではないでしょうか。かくいう著者も、全体を通じてまとまりに欠けると感じてはいますが、それなりの面白さも出ているかも知れないと楽天的に捉えて満足することにしています。

　私が旅好ものを書くときに注意しているのは、読者が私と一緒に旅をしているみたいな気分になってもらいたいとの一点であって、その雰囲気はかなり醸し出せたのではないかと自負しています。

　それならどうして、途中で宣伝めいた情報を入れたり、コラムみたいな記事を入れたりするのかとの叱声も聞こえてくるような気もしますが、それらも含めて私の文体になってしまっているということでご容赦ください。

　改めて全部を見通すと、十分にパリとモンサンミシェルの魅力を伝えられたか疑問ですし、誰もがこんな風なドタバタ旅行になるわけではありません。むしろ10人いれば10人なりの旅行体験になるわけで、ほとんどの人は私みたいなアクシデントにも遭遇せずに、楽しい旅行ができるのでしょう。

　パリもモンサンミシェルも逃げやしませんから、頑張って貯金をして、みんなで訪れてください。きっとあたたかく、迎えてくれることでしょう。

川合 宣雄

◆著者略歴

川合 宣雄 （かわい のりお）

1947年東京都立川市に生まれる。
日本郵船の社員で、戦前は世界の海を駆け巡った父親の強い影響を受け海外旅行に憧れる。長じてはほとんど放浪のように海外国内を問わず自由に旅する旅好家にして小説家。
主な著書に『少林寺拳法有段者の小説家が「女性向け護身術」に噛みつく』『魏志倭人伝18の謎・邪馬台国は熊本平野の○○』『みすゞのわかれ童謡（うた）』『旅好家とめぐる日本183村・前編』（ごま書房新社）などがある。

旅好家とめぐる パリ・モンサンミシェル

2024年6月2日　初版第1刷発行

著　者	川合 宣雄
発行者	池田 雅行
発行所	株式会社 ごま書房新社
	〒167-0051
	東京都杉並区荻窪4-32-3
	AKオギクボビル201
	TEL 03-6910-0481（代）
	FAX 03-6910-0482
カバーデザイン	（株）オセロ 大谷 治之
DTP	海谷 千加子
印刷・製本	精文堂印刷株式会社

ごま書房新社のホームページ
https://gomashobo.com
※または、「ごま書房新社」で検索